Ⓢ新潮新書

鈴木 穣
SUZUKI Yuzuru

厚労省

劣化する巨大官庁

940

新潮社

はじめに

国家予算の3分の1を使い3万人超の職員が働く巨大官庁、それが厚生労働省である。職務は国民の命や健康を守り、あるいは生活を豊かにし、安心して過ごすための制度をつくり運用することだ。だが、最も生活に直結する政策を担う官庁の割に、そこで働く官僚が何を考え、どう政策を実現しようとしているのか内実はあまり知られていない。

新型コロナウイルスが２０２０年1月に国内で初めて見つかり、翌2月に横浜港に入港したクルーズ船「ダイヤモンド・プリンセス号」で感染が広がった事態から約2年、厚労省は今も対策の最前線に立っている。感染症対策は、国民の最大の関心事で、それを担う厚労省という官庁は社会の耳目を集めている。

一方、旧厚生省と旧労働省が統合された巨体組織は分割論に度々さらされる。最近では、菅義偉政権で厚生系と労働系に分ける議論が出た。岸田文雄政権では、子ども政策を統合する「こども庁」構想が打ち出され厚労省の子育て支援部門の分離などの分割論が議論されている。

厚労省に注目が集まっている今、その歴史を振り返り実像を見つめ直すことは意義があるのではないか。それが執筆理由である。

厚労省の政策の中心は、年金、医療、介護、子育て支援、貧困対策、雇用・労働政策などの社会保障分野だ。人は人生を生きる間にさまざまな困難に直面する。これらの制度は個人の自助だけでは乗り越えられない時に支える社会の仕組みである。この分野には多くの研究者やエコノミストがおり、専門的な解説や制度議論はそちらに譲る。本書では、厚労省の所管する仕事やその進め方、組織の仕組み、働く官僚たちの職場環境や考え方などに焦点を当てた。

厚労省の歴史を紹介した第1章では、官庁の生い立ちが人類の長年の課題である感染症対策と密接に関係していることを明らかにした。今回のコロナ禍で、時代が変わっても依然として感染症はやっかいな政策課題であることも分かった。

第2章は、官僚の採用の現状や仕事ぶりなどを紹介した。特に、厚労省にしかいない医系技官をはじめとした専門職、司法警察職員である労働基準監督官、麻薬取締官などの職種の紹介に紙幅を割いた。こうした専門職の存在が厚労省の職務の特色を表していると考えたからだ。

第3章は、政策決定のプロセスを描いた。国民の生活に直結する政策や制度はどのような過程を経て決められるのか、この点を読者に知ってもらうことで厚労省の日々の営みを理解してもらえるのではないか。特に重要な議論の場である審議会のありようをなるべく詳細に紹介した。

第4章は、政権とのかかわりを描いた。政策は厚労省だけで決められるものではない。政権の意向が度々反映される。政府は全体として一体に見えるが、実は各省庁と政権は一定の緊張関係にある。省内の審議会の議論だけでは政策決定できない実情を紹介した。

厚労省の過去の不祥事を第5章に記載した。官僚組織は、政策の失敗を考えたりそれを前提にしたりしない、いわゆる「無謬性の原則」があるが、実際には不祥事は続いている。しかも国民の健康や命に直結する不祥事もあり、厚労省の政策ミスは時に社会に大きなインパクトを与える。過去のミスを今さらあげつらうことに抵抗を感じる官僚もいるかもしれないが、過去を忘れず未来の政策決定に生かすためにあえて触れた。どう次に役立てるか、その一助になればとの思いからだ。

第6章は、社会保障の各制度の現状がどうなっているのか、いわば厚労省の「商品」ラインナップを並べてみた。高齢化社会での年金制度、医療制度の未来は、少子化社会での子育て支援策の充実策は、広がる格差社会での貧困対策は、そしてコロナ禍で浮き彫りになった不安定な非正規雇用問題を始めとする雇用政策の行方は、それぞれどんな課題がありどう解決しようとしているのか、できるだけ平易に書いたつもりだ。

特に若い世代は、今後の人生を支える制度の話である。他人ごとと思わず、ぜひ第6章だけでも読んでほしい。

本書が、厚生労働省という官庁とそこで働く官僚の実像、複雑で理解しにくい社会保障制度の理解に少しでも役立てば幸いである。

厚労省　劣化する巨大官庁　目次

はじめに　*3*

第1章　歴史は繰り返す　*13*

第2章　使うカネも組織も巨大　*31*

（1）予算と主な部局

第1章　歴史は繰り返す

人員倍増の国立感染症研究所

新型コロナウイルス感染症（以下、新型コロナと略）への対応に重要な役割を果たしている厚生労働省（以下、厚労省）所管の専門機関に、国立感染症研究所がある。感染症の調査や分析を担う研究機関で、人員わずか３６１人の目立たぬ存在である。だが、新型コロナについて科学的な情報を得たいのならば、感染研がホームページなどで公開しているさまざまなデータは最も信頼できる情報の１つである。

新型コロナの感染拡大を受けて厚労省は２０２１年度予算案で感染研の職員定員を７１６人へ倍増することを決めた。研究職の人員を増やし疫学やウイルスなどに関する情報の集約を図る。クラスター（感染者集団）が発生した各地に派遣され調査や対策の指導を担っている人材育成も強化する。

感染研以外でも、厚労省内の担当部署、保健所を支援する人材、検疫体制の強化のための人員を増やす。公務員数は削減される方向にある中で、感染研の倍増をはじめ担当部署の人員増は破格だ。感染研は人員を減らされてきただけにこの措置には驚くが、新型コロナ対策を担う研究機関として現状では力不足だということなのだろう。厚労省はさまざまな政策を担うが、感染症対策とは歴史的にもかかわりが深い。というより感染症と対峙するために創設された面がある。

結核感染症課

新型コロナとの闘いの始まりは、2020年2月3日の横浜港だった。感染していた乗客から船内に感染が広がったクルーズ船「ダイヤモンド・プリンセス号」である。政府は、乗員乗客3711人を船にとどめ1カ月に及ぶ感染症の封じ込め対策を実施した。この間、696人の陽性が確認され、十数人が亡くなり、感染症への恐怖と不安を日本国内だけではなく国際社会にも強烈に広げた。前例のない大型クルーズ船での感染症対応だったが、その中心となったのが厚労省の結核感染症課である。

結核感染症課は、2009年に流行した新型インフルエンザ感染症への対応も担当した。新型インフル患者の国内発生が分かった時、当時の厚労相だった舛添要一氏が夜中に突然記者会見を開いた。そこから国内中が大騒ぎになった。

今回のコロナ禍では途中から政府全体での取り組みとなり、厚労省内でも他部署からの応援人材も加わり対策本部として態勢は膨らんだ。

結核感染症課の名称になぜ結核という感染症名が冠されているのか。それは厚労省の前身である厚生省発足の歴史に関係している。

感染症との闘いの歴史

現代では、結核という感染症は社会の脅威ではなくなった。しかし、明治以降の近代では社会を脅かす存在だった。人類の歴史は感染症との闘いの歴史でもある。

明治政府は、たびたび感染症の流行に手を焼いていた。明治維新後、文明開化政策で海外との交流が深まると当然、コレラなどの感染症も流入してきた。加えて、繊維産業など工業化が進むと地方から都市部に人口も集まった。決して衛生環境が良好だったとは言えず、感染症が拡大していた。

衛生行政を主に担ったのは1873（明治6）年創設の内務省である。当時の内務省はまださほど組織が大きくはなかったこともあり、衛生部門が内務省予算の3分の1を占めていた。明治中期の内務省行政の中心は防疫だった。厚生省の創設は1938（昭和13）年まで待つことになる。労働分野や社会福祉分野の行政機構はまだ発達段階で大正期以降に整備されていく。それまでは内務省内で組織を拡大させ対応していった。

近代産業の発展や、日清・日露戦争を経験した日本は、急激に経済成長していた。同時に農村では地租改正、緊縮財政による不況などに見舞われ、土地を失った農民が都市に流入した。また、落ちぶれた旧下級武士階層や職人層も加わり都市部の貧困層を形成した。こうした階層の人たちの労働問題と公衆衛生問題が課題として表面化してきた時代でもあった。

1879（明治12）年に流行したコレラ禍では患者数16万3000人、死者10万6000人にも達した。ここに至って明治政府は公衆衛生対策は平時から対応する必要性があると考えた。

広がる守備範囲

大正時代になると工業化が進み賃金労働者が増加し、第一次世界大戦の影響で物価も上がり労働運動が盛んになった。大戦後の不況や関東大震災などにより社会が大きな不安に包まれ、労働や福祉分野への対応の必要性も同時に高まった。

公衆衛生分野では結核が問題となった。明治後期に結核予防を目的とした法令は整備されたのだが、大正時代になると療養所の整備が始まる。

さらに、感染症予防に留まらず、国民の健康増進を積極的に図る行政への転換もされた。明治時代の対策を発展させ行政の守備範囲を拡大させていった時期にあたり、内務省にも関連部局が整備された。

少し話は横にそれるが、大正時代には社会保障分野で大きな動きがあった。日本の社会保障制度の中核は社会保険である。保険料をみんなで出し合い困った時に給付を受ける仕組みだ。公的な年金制度や介護制度も社会保険方式だが、日本で最初の社会保険は医療保険である。その中核である健康保険法が1922（大正11）年に成立している。目的は労働者の保護だ。第一次大戦のころから労働問題が深刻化し、不況から国民の生活は苦しさを増していた。政府は労働運動への対処を迫られたが、労働者を保護する政策として同法が出てきた。

国際労働機関（ＩＬＯ）への加盟に伴い、政府は労働行政部門を内務省へ統一した。ただ、同法成立の直後に関東大震災が発生して施行が延ばされた。被災世帯は69万世帯、

14万人が死亡・行方不明となった。法施行は成立から5年後、27（昭和2）年のことだった。

戦時が後押しした厚生省創設

1938（昭和13）年。厚生省が創設された年である。新しい省庁として厚生省が設置された直接的な理由は、戦争遂行のためだった。

当時の状況を少し説明する。

1931（昭和6）年に満州事変が起こる。36（昭和11）年の二・二六事件で軍部の政治的影響力が増していき、その後に成立した廣田弘毅内閣は「国防の充実」を掲げ、軍備増強や民間企業からの動員体制の強化を目指した。37（昭和12）年に盧溝橋事件が起き、日中戦争に突入した。

翌年の1月11日、勅令によって厚生省が創設された。

当時、国民の体力低下と結核感染の拡大はまさに政治課題だった。昭和初期、人口10万人当たりの死亡者は180人台。その後増え始めて、35（昭和10）年には190人、全国で13万2000人が死亡した。この時、患者数は120万人に上った。

特に15～30歳の若年層の死亡率が高く深刻な事態だった。

厚生省発足前、政府内では各省の衛生部局をまとめた衛生省設置を検討していた。内務省は独自に警察部門が担っていた衛生行政の改変を考える。国民への健康指導や生活環境の整備なども含めた国民保健の向上を図ろうとしたのだ。

一方、陸軍省も動いた。兵力の確保を狙った組織改革で各省の公衆衛生部局を統合して衛生省の設置を模索し、内務省に創設を働きかけている。『厚生省五十年史』に記載された内務官僚の濱野規矩雄（元予防局長）の回想では、小泉親彦陸軍省医務局長らとの懇談で「いい兵隊をとるためにも体格のいい国民を作らなければならぬということで、ぜひ衛生省を作ろうじゃないかということだった」と陸軍省の意向を述懐している。

当時、内務省衛生局長だった挟間茂は「この厚生省の新設にはやがて戦争にでもなると、国民の体力は最高限に増進して、健全な国民をつくらなきゃならんという頭が軍部には相当強くありまして、それがこの保健衛生の大きな推進力になったことは間違いありません」と述べている。

今の厚労省は国民の生活や健康、雇用、労働者を守ることを役目とするが、ルーツの厚生省は国民の健康ではなく戦争遂行を目的としていた。それが省の創設を強力に後押ししたことは皮肉としか言い様がない。

その後の議論を経て内務省は「社会保健省」という名称を主張する。一方、陸軍省は「保健社会省」案を提案した。内務省は社会政策を重視し、陸軍省は公衆衛生や体力向上策を重視したための違いのようである。厚生省創設はこの二つの潮流が合わさって実現することになった。

名前は中国の「書経」から

厚生省創設に際し、この名称が問題となった。名称は「保健社会省」にいったん決まったものの、新設案を審議していた枢密院の審査で、「保健」が「保険」と混同される、「社会」は社会主義を連想させるといった意見が出たのだ。

選ばれた「厚生」という言葉は中国の古典「書経」から引用されている。「徳を正しうして用を利し、生を厚うして　これ和し（正徳利用、厚生惟和）」からつけられた。「民の生を厚くする、すなわち国民の生活を豊かにする」といった意味である。まさに生まれてから死ぬまでの人生を支える行政を担う名称にはなった。漢学に造詣が深かった南弘枢密顧問官の発案といわれている。

ところで当時の官僚から見た厚生省の人気はどうだったのだろうか。『厚生省五十年史』に興味深い記述がある。厚生省は内務省が母胎だったため、内務省から移った官僚が少なくなかった。中核省庁だった内務省に入る人材は、将来県知事になることを希望する人が多かったという。厚生省に行くとその夢が絶たれてしまう。また内務省に比べると地味だとのイメージがあった。寄せ集めの弱小集団だったため移籍を渋る人もいた。1つの解決策として内務省より出世を早くしたようだ。人事は民間企業でも重要だが、官僚の世界は立場で権限が決まる側面が強いからさらに重要視される。

現代では、官庁の中の官庁は財務省だ。いわゆるキャリア官僚でも国家公務員試験合格者の成績上位者は財務省に入るといわれる。厚労省でも取材していると時々、「あの課長は成績順位○位だった」といった話を聞く。試験順位がそのまま官僚人生についてまわる。

今の厚労省が名前負けしているかどうかの評価は分かれるだろう。ただ、社会保障や福祉政策、雇用政策など国民生活に直結する分野を担うだけあって、最初から厚労省を目指して入省してくる人材が少なからずいることも事実だ。

話を厚生省創設時に戻す。初代の厚生大臣は木戸幸一文部大臣が兼務した。陸軍側は別の候補者を推してきたが、軍部に厚生省を牛耳られることを懸念した当時の近衛文麿首相の判断だった。近衛自身は新しい省を国民福祉のために役立てたいと考えたようである。

しかし、厚生省が創設された2カ月後の1938（昭和13）年3月、国家総動員法が制定され、時代は総力戦に向けた社会体制づくりが進められていった。

労働問題も厚労省が担う

近代において、働く人の労働環境が問題になり始めたのは明治時代に遡る。産業化の中で徒弟制度が崩れ、都市部への労働移動が急増した。軽工業の発達で年少労働者が増え、長時間労働や労働災害なども問題化し、炭鉱や鉱山での反抗運動も起きた。工場での労働争議も発生、労働組合が結成されるなど労働運動が広がった時代でもあった。

昭和になると戦時体制への移行が始まる。軍需産業の拡大が優先されるようになり、生産性を上げるための良質な労働力が必要になった。ここでも国民の体力向上や感染症対策と一体となった労働力の供給政策が求められていた。

厚生省創設当時の組織図を見ると、国民の体力向上施策を担当する体力局、医療体制整備や水道事業などを担う衛生局、母子保健や職業紹介制度など福祉分野を担当する社会局などと並び労働局が設置されている。労働運動や就労環境整備などの施策を担ったようだ。今の厚労省の原型といえる。

厚生省から労働部局が分離されたのは戦後である。労働運動が盛り上がり政府にも対策が求められた。労働組合法が施行され、労働者を守る各種制度整備へのニーズも高まった。連合国軍最高司令官総司令部（ＧＨＱ）は占領開始当初から労働省の設置を考えていて、戦後社会になり労働法制が整っていくなかで所管する省庁が必要との判断があったようだ。

１９４７（昭和22）年９月、労働省が創設され厚生省から労働部局が移る。

この年は、労働条件の最低基準を定めた労働基準法が施行されている。同法は労働者を劣悪な労働環境から守るための最大の武器である。後の章で触れるが、逮捕・送検の権限を持つ司法警察職員である労働基準監督官も、この法律の順守のために存在している。

戦後の労働法制の中核の法律が、労働省創設と同時にできたわけだ。

厚労省は２００１（平成13）年１月に、１府22省庁から１府12省庁に再編された時、厚生省と労働省が一緒になった記憶が新しいが、もともとの厚生省創設時は同じ省庁だったのだ。

年金、医療、介護、子育て支援などの社会保障制度は雇用制度や人々の「働き方」、ライフスタイルなどと密接に関係している。度々、厚労省の分割論が出るが、政策の一貫性という面から見ると厚生行政と労働行政を同時に担うことは一定の合理性がある。

結核感染症課のルーツ

この章の最初で触れた感染症対策の部局である結核感染症課のルーツは、実は、内務省より設置の早かった文部省にある。医学教育と合わせて衛生行政も担当していたが、その後に内務省に移された。

そして創設された厚生省に移管される。当時の組織図を見ると予防局が置かれ、その下に結核などの感染症対策を担う予防課と、港や空港での検疫やワクチンを担当する防疫課などが設置されていた。

内務省出身の元厚生事務次官の葛西嘉資の回想によると、厚生省が創設される直前の1937（昭和12）年ごろ、内務省予防課は「話すことは結核のことばかりだったので、

創設時の厚生省組織図

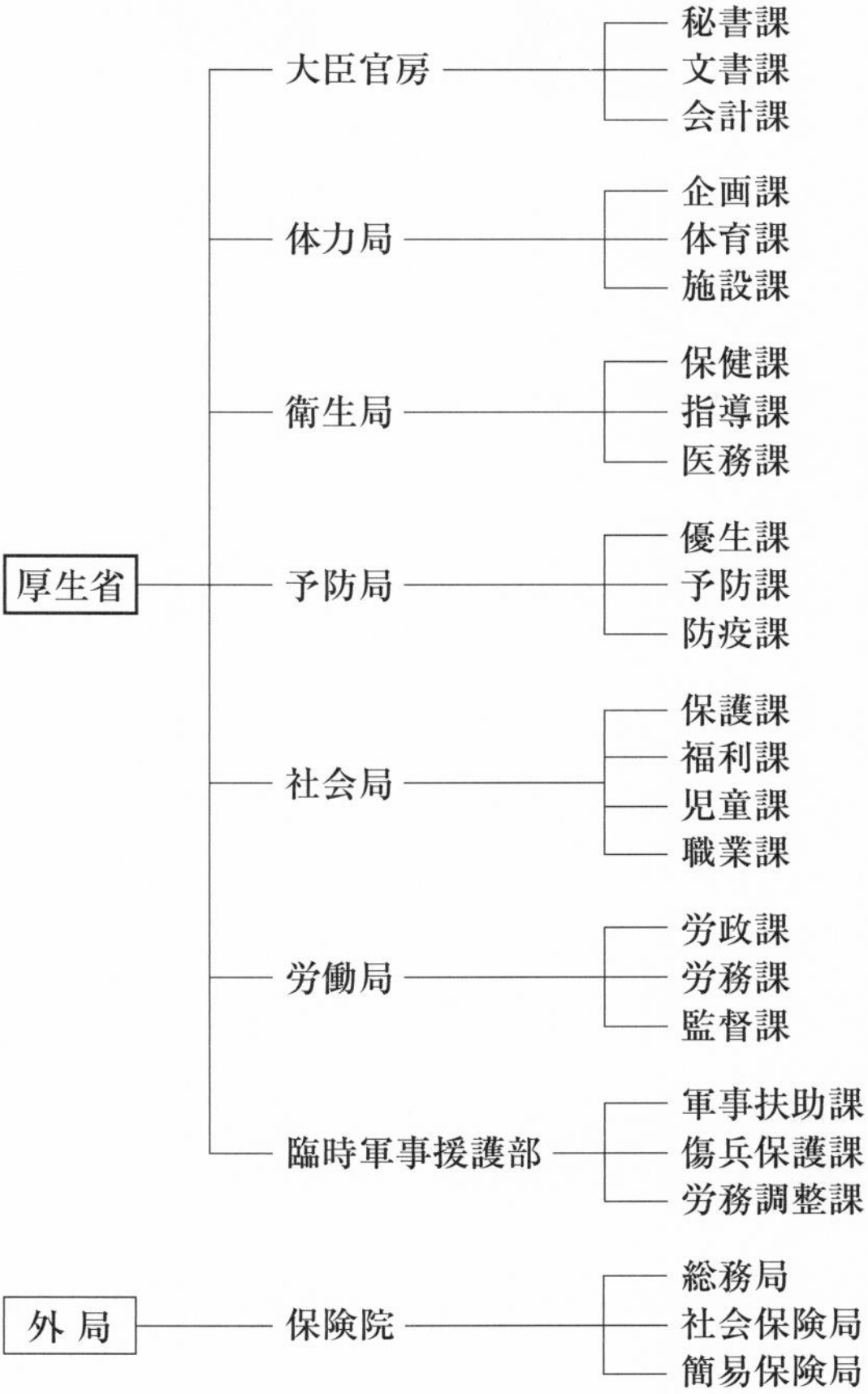

出典：『厚生省五十年史』

予防課は結核の専門課の観さえあった」と当時の緊迫感を伝えている。葛西自身も弟を結核で亡くしていた。

現代の新型コロナを巡っても、厚労省の結核感染症課を中心に連日の対応を強いられている。時代は移っても感染症は社会にとって重大な問題であり、人類の歴史はその繰り返しだ。

「結核」を組織名に入れたのは『厚生省五十年史』を見る限り、1939（昭和14）年、厚生省予防局に「結核課」を新設した時だろう。50（同25）年に「結核予防課」への改変、後年には「結核成人病課」「結核難病課」などに改められ、さらにいくつか組織改編をへて現在に至っている。

感染症対策は安全保障問題

明治時代から政府は、公衆衛生の問題として感染症対策に取り組んできた。しかし、現代はグローバルな世界となり人もモノも高速で大量に行き交う。いつ海外から新たな感染症が入ってくるか分からない。一度流行を許すと国民の命が危険にさらされるし、経済を直撃する。

他方、感染症が人為的なバイオテロである懸念もある。そう考えると、もはや感染症対策は社会保障の一部としての公衆衛生問題ではなく、人の命や社会に脅威をもたらす「安全保障」「国防」の問題と考えるべきなのかもしれない。海外では、軍事的な安全保障と区別するために「健康安全保障」という言葉もあるほど、感染症は社会や国民への脅威と捉えられている。

例えば、米国で感染症対策を担う組織に米疾病対策センター（ＣＤＣ）がある。日本の厚生労働省に当たる米保健福祉省の下部組織になる。世界のどこかで感染症が流行すると迅速に人材を投入して分析や対策に取り組む。米国では国の緊急事態対応は国土安全保障省に統合されていたが、２０００年代初頭には健康の危機にかかわる業務は保健福祉省に移っている。

ＣＤＣは有事に短時間に人材と資材などを投入できる組織だ。常時、世界中に人材を張り付け、感染症の発生などに目を光らせている。「諜報」も重要な任務となっている。設立は１９４６年だが、時代とともに感染症全般の対応をする組織となり、現在、約１万人の職員が働いている。米国民の健康を守る政府機関として、感染症のアウトブレイクやバイオテロなどの緊急事態に24時間体制で監視と対応をしている。

日本の厚労省所管組織に国立感染症研究所があるが、ここは調査・研究を目的にした機関だ。米国で基礎研究を主目的にした機関には国立衛生研究所（ＮＩＨ）がある。トランプ前大統領の会見に同席して科学的な知見を説明し続けて日本でも知られるようになったファウチ所長の国立アレルギー感染症研究所はＮＩＨの下部組織にあたる。

日本の厚労省は21年度予算案に、所管する研究機関である国立感染症研究所の人員の７１６人への倍増案を盛り込んだが、それが実現してもＣＤＣの陣容とは比べるべくもない。

軍隊を含めた国を挙げての対策が必要

組織が力を発揮できるかどうかは、緊急事態などの「有事」に短時間で医療体制や感染拡大防止対策をとれるよう人材やモノを投入できる余力「サージキャパシティ」をいかに確保しておくかにかかっている。それを可能にする組織は軍隊以外にない。

米国では健康などの公衆衛生上の危機管理において、警察や米連邦捜査局（ＦＢＩ）などと合わせ、軍やその関連施設も行政機関を支援する体制が整っている。危機には連携しあって活動する習慣が身に付いている。新型コロナでも米国では、軍の医療機関や病院船が活用された。CDCのホームページ（2021年12月時点）を見ると、下部機関の幹部には軍関係者もいる。米国防総省は自然災害も含め感染症対応でも重要な役割を担っている。

日本でもコロナ禍でクルーズ船ダイヤモンド・プリンセス号での感染対策に自衛隊が出動した。自衛隊は災害時の救助活動でも歴史を重ねている。日本がCDCのような組織をつくるべきかどうかは議論が必要だが、厚労省という行政機関は有事対応が苦手だ。安全保障にかかわる問題は、一省庁ではなく、政府全体で迅速に取り組む仕組みをどうつくっていくのかが課題だろう。

重ねて言うと2009年に流行した新型インフルエンザ感染症の対応からもその必要性は分かる。厚労省が対策を担ったが、医療提供や検査の体制、政府と自治体の役割分担、国民への情報提供のあり方などの課題が露呈した。それは流行が終息した後、専門家らによる政府の対応を検証した厚労省の「新型インフルエンザ対策総括会議」が10年にまとめた報告書が指摘している。だが、今回のコロナ禍でその教訓が十分に生かされたとはとても言えない。

その理由は2つあると考えられる。

1つはその課題を厚労省だけの問題ととらえてしまい、政府全体で危機感の共有ができなかったこと。感染症対応の「司令塔」は一応、新型インフルエンザの流行を経験して内閣府に設置されていたが、コロナ禍では十分に機能しなかった。

2つ目は、感染すると重症化する人が多く致死率も深刻だった重症急性呼吸器症候群（SARS）を経験しなかったことだ。それ自体は幸いだったが、深刻な被害を経験した韓国や中国は、検査体制をはじめ感染症対策に政府をあげて取り組んでいた。

世界のグローバル化は新たな問題を生み、そんな時代を私たちは生きている。新型コロナの脅威は、そのことを私たちに示した。

第2章　使うカネも組織も巨大

(1) 予算と主な部局

社会保障費用は国家予算を超える

この章では、厚労省で使われる予算などカネの面と組織の陣容から見る。

まずカネの面ではどれくらいの規模だろうか。

政府の２０２１年度の一般会計は歳出で１０６兆６０９７億円だ。このうち社会保障分野に回す予算額は35兆８４２１億円、割合にして33・６％と実に政府予算の３分の１を超えている。国債費などを除いた一般歳出における社会保障関係費では53・６％と過半を占める。この額のほとんどが１つの省庁、つまり厚労省に配分されている。

だが、話はここで終わらない。年金や医療、介護などの社会保障サービスは、社会保険方式で運営されている。つまり私たちの払う保険料が主な財源だ。

これらサービスに使われる費用を社会保障給付費と言うが、税から投入される財源と合わせ1年間に使われる給付費は20年度（予算ベース）で126兆8000億円にもなる。

私たちが生活を支えるために利用する社会保障サービスのために、1年間にこれだけの巨額のカネが世の中を巡っている。

特に、年金として高齢者に給付される額は1年間に57兆円を超える。地方にとっては高齢者が使う年金が経済を支えているといっても過言ではない。

医療分野では年間約40兆円が使われる。医療機関に支払われ、医師や看護師、薬剤師など約320万人の医療従事者の生活を支えている。介護分野には年間約10兆円が使われている。

しかも高齢化で社会保障給付費の額は伸びる一方で、1980年の24兆9000億円からこの40年で100兆円が増えた。

実はこの先に困難が待ち受ける。2042年には高齢者数が3935万人とピークに達する。必要な給付費は約190兆円で国内総生産（GDP）比は18年度の21・5％から24％に上がる。経済全体も成長するためGDP比で見ると2・5ポイント増の見込みだ。社会保障制度が直面する課題については後の章で述べるが、厚労省はこれだけの費用の捻出と、それを支える人材確保に頭を抱えている。

一般会計の3分の1を使う省庁

国家予算を厚労省の側から見てみる。

21年度の当初予算額は33兆1380億円である。前項で示した政府予算の社会保障費のほぼ9割以上を厚労省が使う。1つの省庁で一般会計の実に3分の1を独占する規模だ。防衛関係費は5兆円ほどで、それと比べるといかに巨大な財源が社会保障に使われているか分かる。

ただし、厚労省は自由に使い道を決められるわけではない。予算の9割以上は年金や医療分野に回る。これらは既に使い道が決まっているものが多い。それぞれの制度にのっとって給付されるからだ。その意味では、官僚が新たな政策を考え予算を使う政策的経費と言われる分野は実はあまり広くはない。以前は水道事業ぐらいと言われた。どこにどうインフラを整備するかの裁量があったからのようだが、今は国が行う水道事業は役割が小さくなっている。

年金と雇用を支える特別会計

一般会計以外に厚労省独自の財源として特別会計がある。年金特別会計が21年度予算で71兆2855億円、労働保険特別会計が4兆9202億円である。

年金特別会計は、国民年金や厚生年金の収支を管理するための会計で、使途によって区分が分かれている。主に自営業者や職場の厚生年金に加入できない非正規雇用者らが入る国民年金区分、会社員や公務員が加入する厚生年金区分が主な区分で、保険料収入や保険料の積立金などからの歳入と、年金の給付などの歳出を管理している。

意外に思うかもしれないが、年金特別会計には児童手当や教育・保育への給付などに充てる「子ども・子育て支援勘定」という区分もある。

今、社会では子育てと仕事の両立が求められている。それが実現できれば従業員の就労が進み雇用も安定する。それは雇う企業にも一定のメリットがある。こうした理由から事業主にこの区分への拠出金を負担してもらっている。年金特別会計にこの勘定区分があるのは、事業主から保険料とともに徴収しやすい面もあるが、年金制度から見ても将来世代や現役世代の支援は、将来の制度の支え手が増えるという考え方もある。「子ども・子育て支援勘定」は21年度予算で約3兆2448億9500万円になる。

労働保険特別会計は雇用保険と労働者災害補償保険の収支を管理するための会計だ。年金と同様に、保険料や積立金からの歳入と各種給付などの歳出を管理している。区分は雇用保険の収支である「雇用勘定」と労災保険の収支の「労災勘定」だ。

雇用保険は失業給付を中心とする雇用者の強い味方だが、失業以外にも育児休業の際の給付や60歳からの就労の継続を支える給付などもある。

コロナ禍でも、従業員の雇用を維持した企業に給付された雇用調整助成金の存在とその重要性はかなり報道されて知られるようになった。その財源は基本的には企業が拠出する雇用安定基金でまかなうルールだ。だが、長引くコロナ禍で助成金の給付額は膨らんでいる。不足分は雇用保険の積立金から出すことになる。

雇用保険は労使が保険料を出し合って積み立てている。働く側から見ると毎月の賃金から保険料を払っているが、それが財源として助成金に回っていることになる。２年近いコロナ禍で雇用保険財源も傷み、保険料の引き上げが決まった。

大臣答弁は「１０００本ノック」

厚労省が担う政策の守備範囲は広い。

それを象徴するエピソードがある。閣僚の重要な職務に国会での答弁がある。国会議員からのさまざまな質問に答えねばならない。特に野党議員は、政権を攻撃する狙いから大臣の答弁を意識的に求める。厚労相は各省庁の中でも頭抜けて答弁回数が多い。自民党の調査によると、2018年に国会で行われた大臣、副大臣、政務官、政府参考人の合計答弁数は厚労省が8327回と断トツの多さだ。そのほとんどは大臣だろう。その次に多い国土交通省の4280回の倍近い。

国会の所管委員会への政務三役らの出席時間も厚労省の1577時間は最長で、次に多かった財務省の922時間と大きな開きがある。国会開会中は毎日、厚労相の答弁する質問数は50~60問という。

そうなると事前準備もたいへんである。分野ごとに担当課長が国会開会前に大臣にレクを行う。毎朝5時に国会に集合、5時10分から始まり開会時間直前の午前8時45分まで続く。単純計算で一問3分程度でこなさないと終わらない。順番待ちの各担当課長の列ができるほどだ。終わらないとレクは昼休みも続く。「1000本ノック」は大げさだが、厚労相は次々と想定問答を理解しなければならない。

失敗できない国会答弁

答弁でつまずくと野党が問題視し議会審議が紛糾する。しかも年金や医療など国民生活にかかわる分野だとなおさら野党は政権を批判してくる。答弁の失敗は時に政権の支持率にもかかわるから、厚労行政に明るく答弁に不安のない人材が厚労大臣に充てられることが多い。最近では、民主党政権では長妻昭氏、細川律夫氏、自民党政権では舛添要一氏、塩崎恭久氏、根本匠氏、加藤勝信氏、田村憲久氏らがいる。岸田文雄政権では自民党で厚労行政を長く担当してきた後藤茂之氏が就任した。田村氏は2度務めているが、それくらい他に任せられる人材がいないことの証左だろう。官僚から見れば大臣に厚労省の政策をしっかり理解してもらうことが国会対策の生命線ともいえる。

大臣へのレクに関連して厚労省職員を悩ませているのが国会に入るための入館証の手配だ。通常、国会に行くには国会から割り当てられた入館証を胸に掲げなければならない。

各省庁への割り当てはあるのだが、出入りする職員数が多い厚労省は不足している。入館証がない職員はどうやって入るかというと、多くは参議院にある厚労省の国会連絡室で共用の入館証を借りるという一手間が必要になる。早朝に大臣へのレクに来る職員は、さらに国会への到着時間を早めなくてはならない。

職員アンケートでも国会業務の改善策として「入館証の割当を増やすこと」を44％の職員が求めている。

国会側も割当数を増やすなど一定の対応をしているようだが、融通が利かないのは「国会は国権の最高機関であり行政府より格が上、という意識があるから」とも言われる。

大臣官房と13の局

厚労省の幅広い守備範囲は、大きく厚生系と労働系に分かれる。

「ゆりかごから墓場まで」とは英国の社会保障の考え方だ。発想は英国の経済学者ウィリアム・ベヴァリッジがまとめた報告書が土台になっている。第二次大戦後、英国は健康保険や失業保険、年金制度などを整え広く国民を対象とする「福祉国家」へと舵を切った。

日本の戦後の社会保障もこれを土台にしている。生まれてから亡くなるまで、自分で解決できない困難に直面した際に各種の社会保障制度で国民の生活を支える。そうした支え合い社会の実現を目指している。

厚労省は、生まれてから亡くなるまで必要な医療、保育、障害者などへの福祉、働く世代の就労支援や失業給付、高齢者の年金や介護など、人生全般にかかわる政策や制度を担う立場だ。

担当する仕事をもう少し詳しく見ると霞が関の厚労省本省の組織は、大臣と省庁全体にまたがる人事や会計などの部門からなる大臣官房と、政策の分野ごとの実施部隊である13の局から成る。

政府機関では、各部局に必ず所管する法律がある。民間と違って法律に則った業務を行うため、守備範囲が厳格に決められている。法律の守備範囲以外はやらないし、他部署の担当ということになる。それが縦割りや問題のたらい回し、組織の連携不足といった問題を招く一因にもなっている。所管する法律がないのは広報部門ぐらいだろうか。

医療分野だけで４つの局

厚労省の局のうち、まず厚生系を見る。医療分野は保険、医政、健康、医薬・生活衛生の４つの局に分かれる。

筆頭格の保険局は、私たちの生活に密接にかかわる公的医療保険制度や、75歳以上になると国民全員が加入することになる後期高齢者医療制度を所管している。医療保険には、主に大企業の従業員が加入する健康保険組合、中小企業の従業員が入る全国健康保険協会（協会けんぽ）、市区町村が窓口で都道府県が運営する国民健康保険などがある。

医科、歯科などの医療機関や薬局が、患者の治療や医薬品を処方した際に対価として受け取る診療報酬は、個人の支払い分に加え、医療保険や税などで賄われている。入院や手術などの医療行為や医薬品、医療機器の価格は公定価格として厚労省が定めている。その項目数は膨大だが、その価格表に沿って診療報酬が医療機関などに支払われる。その価格の見直し作業などを保険局が担当している。

専門的な知識も必要なため、医師免許を持つ医系技官と呼ばれる専門職員が多数配置されている部署でもある。

国民は現役時代なら、自分の加入する健康保険からかかった医療費の7割が支払われ、残り3割を窓口で自己負担している。診療報酬の上げ下げは医療機関などの収入に影響するだけでなく、国民の医療費負担に直結する。医療を受ける際にとても影響のある分野だ。

厚生労働省の組織

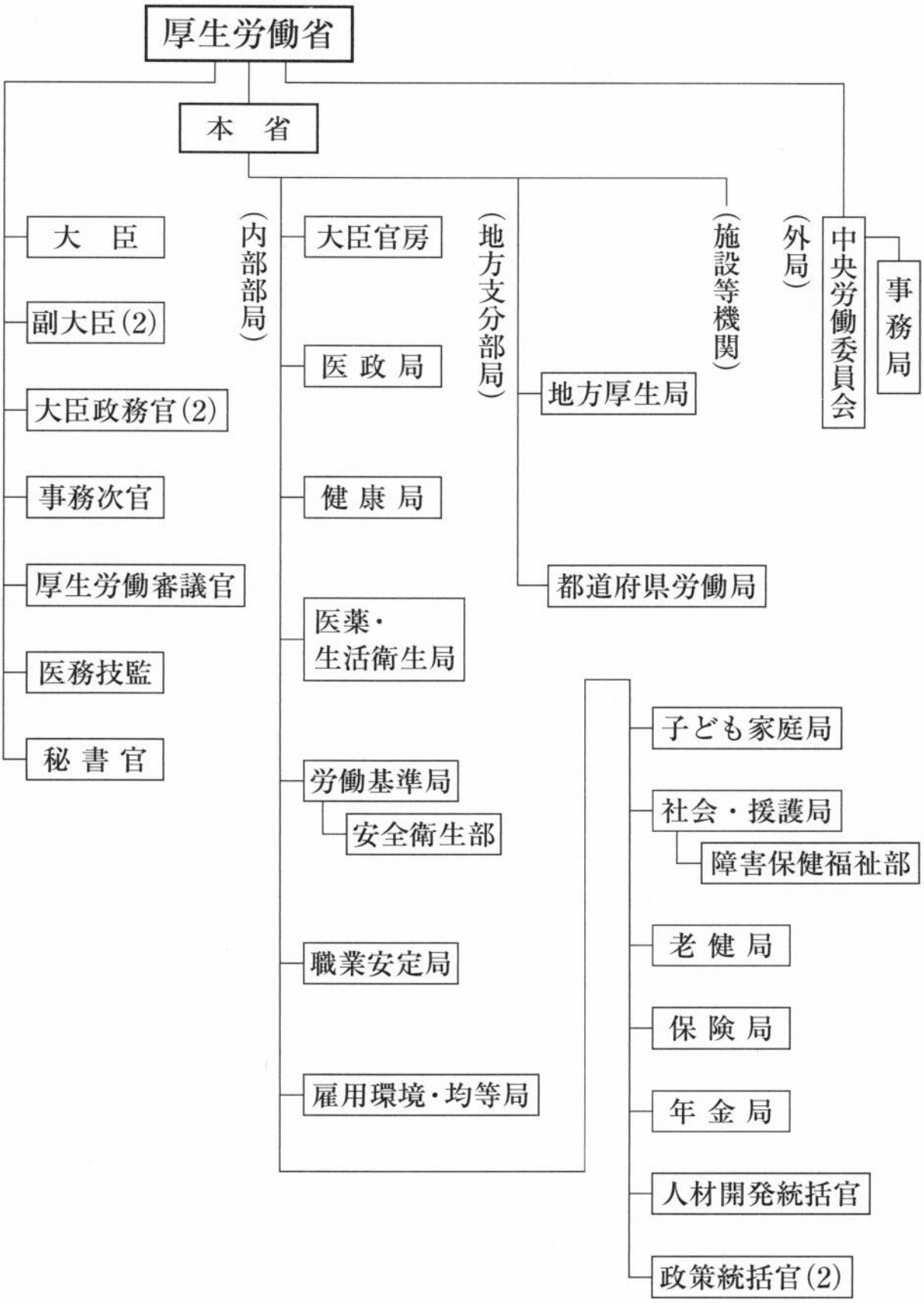

出典：『ガイドブック厚生労働省』

最近では、20年12月に75歳以上の医療費の窓口負担を原則1割負担から、一定の所得のある人は2割負担に見直すことが決まった。一定の所得をいくらにするのかが政治課題となり政府と自民、公明の与党と折衝が難航した。

単身で年金収入を240万円以上として対象者を絞りたかった公明党と、同170万円にしてなるべく対象を広げたかった菅義偉首相が対立、結局、同200万円で折り合った。引き上げの対象者は約370万人になる。窓口負担の2割への引き上げは、高齢者の医療費を支える現役世代の負担をできるだけ軽減したいからだが、収入をここで線引きすると約880億円の軽減になる。

医療保険には利用者の費用負担の話がついてまわる。それだけに官邸や与党、世論の動きにも敏感にならざるを得ない分野である。

医政局は必要な医療を国民に届ける提供体制の確保が担当だ。医療機関の整備や、医師や看護師、歯科医師などさまざまな医療従事者の人材確保、医薬品や医療機器などの研究開発や生産・流通に関する政策の企画立案を行っている。いわば医療のインフラ全般の整備を担う。

健康局は特に政策的な対応が必要ながん対策や難病対策、公衆衛生分野になるワクチンの生産・流通政策、保健所などの整備、原爆被爆者への援護政策、受動喫煙対策、臓器移植政策などを行う。新型コロナの対応を行っている結核感染症課もこの局にある。

医薬・生活衛生局は、２つの分野を担当する。医薬分野は、医薬品や医薬部外品、化粧品、それに医療機器、最近では技術が進展している再生医療分野の製品の有効性や安全性をチェックしている。献血の推進や監督、血液製剤の安定供給の確保も担当する。医薬品を扱うことから麻薬や覚醒剤対策も担う。後で紹介するが、労働基準監督官と同じ司法警察官で、薬物の取り締まりに当たる麻薬取締官もいる。

もう１つは公衆衛生分野である。食品の安全性の確保が大切な役目で、東日本大震災の際には、福島第一原発事故による食品汚染問題で、食品の検査や出荷停止措置などの判断をした。輸入食品の検疫業務も行う。意外な役割では理容・美容店、公衆浴場、旅館などの営業規制や振興策、水道の整備や水源開発事業なども担う。どれも日常生活での衛生管理にかかわる分野なので厚労省が担当している。

国民全員に大きくかかわる年金局

厚生系で、忘れてならないのは年金局である。原則、誰もが厚生年金保険や国民年金に加入している皆年金制度の下では、国民全員にかかわる制度だ。少しの制度改正でも国民生活に影響する。そのため、その動向は大きく報じられることが多い。制度改正や5年ごとに実施する100年先までの年金財政の検証作業を行っている。財政の検証や制度設計には年金数理の手法が不可欠なため数理専門職もいる。また、数理計算には専用のソフトと大型コンピューターが必要で専用機器を所有している。

関心が高い政策の担当部局だけあって、不祥事も社会に及ぼす影響は大きい。旧社会保険庁が管理していた加入記録が誰のものか分からず、もらえるはずの年金がもらえない事態となった「宙に浮いた年金記録」問題で社会の指弾を浴びたが、旧社保庁から心機一転、組織を衣替えして2010年に発足した日本年金機構でも、年金記録が外部からの不正アクセスで漏洩する事件を起こしている。いずれも年金局に管理責任がある不祥事だった。

国民が支払っている保険料を積み立てた年金積立金は約200兆円にもなる。この巨額資金の運用を寄託する年金積立金管理運用独立行政法人（GPIF）も管理している。安倍晋三政権下では、アベノミクスによる株高を支えるためにGPIFが保有する資産のうち国内株の保有割合を高めたとの風評が流れたこともあった。巨額資金を運用するだけに市場では「くじら」とも呼ばれるＧＰＩＦの組織改革議論も年金局が担当した。

また、企業が従業員向けに設ける企業年金制度も担当する。個人でも加入でき、恵まれた税制優遇で最近話題の個人型確定拠出年金「ｉＤｅＣｏ（イデコ）」制度もその１つだ。厚生年金や国民年金の公的年金制度だけでは老後の生活を十分に支えることができないため、私的年金である企業年金をより多くの人が利用できるような制度へ拡充するための議論が進む。

介護保険制度を支える老健局

老健局は超高齢社会を迎える中で介護保険制度を担当する。２０００年に制度がスタートして20年が経過した介護保険は、年金保険、医療保険と並び生活を支える社会保険制度に成長した。省庁の仕事は普通、既存の制度や法律の改正作業が多い。官僚から見ると先輩諸氏がつくってきた制度の修正作業の繰り返しになる。もちろん社会経済情勢の変化に応じて必要な制度につくり替える仕事は重要だが、新しい分野への挑戦とは言い難い。

一方、介護保険は制度がないところからつくる挑戦だった。制度づくりを行った１９

90年代後半、省内で優秀な人材が集められた。議論が大詰めになった時期には、担当官僚は家に帰る暇もなく省内で寝泊まりしたという。一からの制度づくりはかなりの高揚感を伴っていたようで、その熱気は当時制度づくりを担った官僚や研究者たちによる『新装版　介護保険制度史　基本構想から法施行まで』（東洋経済新報社）に詳しい。あとがきで「介護保険制度は、多くのプレーヤーがそれぞれに大事な役割を演じた末にできたものであって、それは『一大スペクタクル』ともいえる」と総括している。

介護保険制度ができる前は、高齢者へのさまざまな生活支援は税金を使った福祉的な制度だったが、現在は保険料を払う義務を果たすことで介護サービスを受ける権利を得る制度だ。介護保険導入で、高齢者自らが権利としてサービスを選び利用することができるようになった。スタート当初は、介護事業者とはいえ家族以外の他人から、しかも公的なサービスを受けることに抵抗感もあったようだが、20年経過した今は堂々と利用できる雰囲気になった。もちろん課題はあるが、すっかり定着していると言っていい。

介護保険は、医療機関に医療保険から医療費を支払う診療報酬と似た仕組みを取っている。介護保険では介護事業者に支払う報酬を介護報酬と言うが、原則3年に一度見直すことになっていて、ちょうど21年度から見直された。見直し議論は厚労省の審議会である介護給付費分科会で行う。

介護保険は市区町村が運営しているため、老健局は自治体のつくる介護保険計画策定の支援や介護ロボット開発支援、そのほか認知症対策も担当する。

社会福祉政策を担うのが社会・援護局である。代表的な施策は生活保護制度の制度改正や運営だ。困窮者自立支援と合わせ憲法25条で保障された「健康で文化的な最低限度の生活」を支えることを目的にしている。また、いくつかの課を束ねた障害保健福祉部を局内に設置して障害者福祉政策を統括している。局と課の間に部を設置している部局は労働基準局に労働者の健康や安全を守る政策を担当する安全衛生部があるだけだ。

社会・援護局のもうひとつの柱は、戦傷病者や戦没者遺族などの援護政策、戦没者の遺骨収集、全国戦没者追悼式の実施、中国残留邦人の身元調査や帰国・生活支援である。旧厚生省時代から戦後の重要な事業となっている。毎年、終戦の日の8月15日に行われる全国戦没者追悼式で天皇陛下がお言葉を述べられる際、壇上で案内役を務めるのが厚生労相であるのはそのためである。

労働系の筆頭は労働基準局

労働分野での主軸は労働基準局である。労働者の保護は、厚労省の役割の1つだが、そのための法律には失業保険制度を規定した雇用保険法、仕事中にけがや病になった際に生活費や治療費を補償する労働者災害補償保険法などがある。その中でも賃金や労働時間、休日などの労働条件に関する法律は、労働者の健康と安全を守る重要なもので、その最低基準を定めた労働基準法が基軸であり、所管するのが労働基準局になる。人材も労働系の中で優秀な官僚が集まるといわれ、出世コースにもなっている。

安倍政権下で進められた「働き方改革」では、長時間労働の是正策として残業時間の上限規制が入った。残業時間を月45時間以内、年間360時間以内に規制し、繁忙期など1年間に半年だけ認められてきた上限なしの残業についても1カ月の残業時間に100時間未満などの上限が設けられた。労基法が1947年に制定されて以来、実に72年ぶりで上限が設けられた法改正となった。労基局はその改革論議の担当でもあった。

労働基準局には労働条件に関する部署以外にも労災保険、最低賃金制度、司法警察職員の労働基準監督官を擁する監督部門がある。局内に安全衛生部を設け、労働者の健康と安全を守るため業種や職場の安全基準や化学物質規制などを行う。

職業安定局は部局名が表すように雇用の安定と就職・再就職の促進、高齢者雇用政策などを担う。雇用保険を所管するほか、職業安定所（ハローワーク）を全国各地に持つ。新型コロナ禍で休業手当を従業員に支払う事業者に、その補塡として雇用調整助成金を支給したが、その業務を担った。

また、19年に発覚した、景気動向や経済政策の指標となる重要な政府統計が歪められていた厚労省の統計不正問題では、延べで約2000万人への雇用保険や労災保険などの過少給付が分かった。統計で示された賃金など給付額算定に使う数値が実際より小さく、それを基に算定した給付額も少なくなってしまったからだ。その算定のし直し作業や給付を受ける人への連絡作業などもやる羽目になった。

雇用環境・均等局は、非正規雇用労働者の待遇の改善、ワーク・ライフ・バランスの推進、仕事と家庭の両立支援や男女雇用機会均等の確保、職場のハラスメント対策、テレワークなど在宅労働の環境づくりなどを担当する。働き方の多様化に伴い働く人のさまざまなニーズに応える施策が求められており、今後ますます重要になる部署だろう。

子ども家庭局は旧厚生省と旧労働省にあった部局が合併した。子どもたちの発達支援や虐待防止対策、母子保健政策などを担う。中でもなかなか減らない待機児童の解消を目指し保育所整備を担当する部署でもある。

また、具体的な施策を担うこれまで紹介した部局とは別に、省全体を見渡して政策調整や政策の評価、白書の作成、今後の政策の方向性や人口政策など中長期の政策立案やそれに必要な各種統計調査の実施などを行う政策統括官という部局がある。

さらに公的な職業訓練や技能検定の実施、そのための調査・分析など人材の能力アップや能力開発政策を担う人材開発統括官という部局があり、双方ともトップの統括官は局長級であり、合わせて計13局の構成となる。

格上の大臣官房の6つの課

厚労省の官僚のピラミッド組織は、事務次官をトップに厚生労働審議官と医務技監が同じ次官級のポジションとして並ぶ。つまり次官級官僚が3人いる。厚労審議官は旧厚生系の人材が次官になると旧労働系の次官候補が就くことが多い。

その次に主に国会対応を担う大臣官房長、総括審議官がいて、さらに各局長の下に局の業務を担う審議官が配置されている。審議官は全体で20人ほどいて、審議官以上に個室の執務室が与えられている。

局長の下に各課があり課長が現場を仕切る管理職となる。大半の課長席は課員と同じ大部屋にある。廊下から職員が机を並べる部屋に入ると、多くの課長は一番奥の窓際に席を並べている。近くに次期課長候補である課長補佐の職員がいる。以上の管理職はおおむね総合職、いわゆるキャリア官僚たちだ。

同じ課長でも個室がある部署がある。大臣官房にある人事、総務、会計、地方、国際、厚生科学の6課だ。人事や総務は民間企業でも組織を支えるバックヤードとして重要な部署だ。会計課は毎年の予算編成を担当する。省庁全体にかかわる管理部門のため大臣官房に置かれている。

厚労省職員は約3万2000人だが、霞が関の本省にいる職員は約4000人ほどだ。そのほとんどは地方厚生局など各地の出先機関にいる。それらを束ねるのが地方課である。

国際課は外国との国際協力対応を統括する。世界保健機関（WHO）や国際労働機関（ILO）などの国際機関の窓口となっている。保健や労働、福祉などの分野で協力関係づくりや情報交換などを担う。日本は中国、韓国との三国保健大臣会合を定期的に開催して感染症などの協力関係づくりを進めているが、その事務局も務める。中韓とはさまざまな政治課題を抱えているが、外交問題がギクシャクした際も保健大臣会合はできる限り開催されてきた。

最近では20年12月11日に開催された。当然だが主な議題は、新型コロナ対策だった。通常は3大臣が集まって開くが、この時はオンラインで開催され、3カ国による相互の経験や知見の共有、ワクチン確保の協力などを盛り込んだ共同声明を出した。感染症対策では感染拡大防止という共通目的があるが、実際のところ、どこまで連携できているか疑問もある。感染症対策を安全保障問題でもあると考えると、中国は新型コロナに関する情報を十分に公開しているだろうか。大臣会合は形骸化している懸念がある。新型コロナへの対応に関して3カ国でどういう連携ができているのか、今後検証が必要だろう。

厚生科学課は、進歩の速い科学技術を把握し医療などに役立てるための制度設計を担う。最近はゲノム（全遺伝情報）技術の活用や規制政策を担当する。感染症や原子力災害など健康への緊急事態への対応も行う。厚労省所管の研究機関の運営も統括していて新型コロナ対応を続ける国立感染症研究所も管轄だ。医師資格のある専門職である医系技官の採用や人事も担当する。

大臣官房にある各課は省庁全体にまたがる分野や、国際協力などの外交、最新科学の活用など各局の所管にそぐわない分野を担当している。それだけに重要ポストと見られ、各局の課長より格上の存在となっている。

（2）採用・給与・待遇

減り続ける国家公務員

厚労省の採用や人事について説明する前に、国家公務員全体の仕組みを紹介しよう。公務員は国家公務員と地方公務員に分かれる。国の公務員は国家公務員法により任免、昇進、退職、給与、退職金など、就職から退職するまでの規定が定められている。

２０２０年度で国家公務員は約58万６０００人、地方公務員は約２７３万９０００人いる。国家公務員のうち大臣や裁判官、国会職員、防衛省職員、行政執行法人役員などの特別職をのぞき、一般職は約28万８０００人となる。ちなみに一番多い職員数は特別職の防衛省職員（自衛隊含む）で約26万８０００人だ。

２０００年当時は、国家公務員だけで約１１３万４０００人いた。地方公務員も約３２２万４０００人。この20年ほどで公務員は２割以上、国家公務員だけだと半減に近い。公務員への批判は根強く職員の削減は改革の一環として進められてきた。厚労省も例外ではなく、官僚からは「以前は係長がやっていたような仕事も課長がやらないと業務が回らなくなった」という人手不足のぼやきを時々聞く。

海外と比べても日本の公務員の数は多くはない。人口1000人当たりの公的部門における職員数は、フランスの90・1人、英国の67・8人、米国64・1人、ドイツ59・7人に対し、日本は36・9人しかいない。

各省庁別の一般職の職員数（19年1月15日時点）を見てみると、トップは国税庁の5万4681人で、次いで法務省が4万8724人、国土交通省が3万9014人と続く。厚労省は4番目で3万1518人、うち約4000人が霞が関の本省に勤務している。残る職員は地方の厚生局や労働局、検疫所、ハンセン病療養所などにいる。

旧厚生省と旧労働省が1つになり、幅広い政策分野を担っている上、地方の出先機関もあって職員数はやはり省庁の中でもトップ5に入る多さである。始業は午前9時半だが、その直前はエレベーターに行列ができる。本省のスペースは職員数の割に狭い。部署によっては自席の前後左右に同僚がいるといった密集ぶりで窮屈そうに業務をしている。

キャリアとノンキャリア

国家公務員は「キャリア」と「ノンキャリア」と呼ばれる職員に分けられる。厚労省でもキャリアは各部局をだいたい2年ごとに異動し、管理職や幹部職員への出世も早い。外部から見ているとキャリアは目まぐるしく異動していくといった印象が強い。ある部署の管理職として会った人が、次に会った際は別の部署に移っていることはしばしばある。

事務次官になれるのは基本的に同期で1人なので、出世レースから外れた人は定年前でも退官していく。天下りは省庁があっせんしていたことが問題になったので、今は退官後にすぐにどこかの民間企業や団体に再就職できるわけではない。基本的には、局長経験者でも自力で再就職先を探している。大学教員、シンクタンク幹部、業界団体幹部など、中には退官後に海外駐在の大使に任命されるケースもある。

管理職になるキャリア官僚は厚労省の政策の決定を担う。各省と同様に外部の有識者らで構成する審議会に出席して意見を聴く立場でもある。

もう1つの重要な役目が国会への対応だ。国会答弁は大臣、副大臣、政務官が行う場合が多い。通常、事務次官は国会で答弁はしない。その下の局長や審議官などの役目だ。

課長や課員はその答弁を補佐する。

ただ、国会対応はこれだけではない。法案を通すには与党の理解が必要だが、そのために国会議員を回って落としどころを探ったり、政策の必要性を説明したりする。水面下での折衝能力をキャリア官僚は問われる。与党議員をどう説得するか、あるいはどう丸め込んで合意を取るかに腐心する。キャリア官僚は制度改正や法案作成の必要に迫られると霞が関と永田町を行き来する日々を送る。

対応する官僚のクラスは与野党で違いがある。与党には審議官や局長クラスが行くことが多い。一方、野党だと課長クラスになる。実際に法案を通すのは与党だ。対応には格上の官僚を充てるということである。

野党は最近、合同公開ヒアリングと称して国会審議とは別に国会内で独自に省庁から説明を聞く場を増やしている。議席数が少ない野党は国会審議の時間が十分に取れず、政府の不祥事などの追及が思うようにできないこともあってこうした非公式な場を設けている。ここに出席する省庁側の担当者は多くが課長クラスである。

その模様はテレビで報道されるしネットで視聴できる。出席した官僚らは、とにかく野党の厳しい追及を必死でこらえる。省庁の不祥事なら自らの責任なので追及されるのは当然だろう。ただ、上司や大臣などの許可や指示がないような踏み込んだ説明はできない。これも役所の組織機構上いたしかたない。勢い、のらりくらりの答弁になりさらに追及される、といったやりとりの繰り返しになる。

だから合同公開ヒアリングは「官僚いじめ」との批判もある。政府の不祥事追及は必要だが、こればかり目にするとそう思う国民もいるだろう。求められているのは与野党の建設的な政策議論だが、野党の存在感を不祥事追及でしか訴えられないのなら国民にも不幸なことだ。

一方、本省にいるノンキャリア官僚は採用されて配属された分野を中心に長く担当する。だからその分野の制度や歴史に詳しい職員が多い。たとえば、複雑な社会保障の各制度を知るには、こうした職員の助けが必要になる。他部署から異動したてのキャリア管理職も頼ることになる。

政策の決定は管理職が担うが、そこに至るまでの間、これまでの政策の流れや制度の詳細を知るのはノンキャリアの人たちである。

特に年金制度は複雑である。

国民全員がなんらかの公的年金制度に加入する体制が整ったのは1961(昭和36)

年だ。それ以来、さまざまな制度改正が行われている。86（昭和61）年には全国民共通の基礎年金制度の導入など大きな改正が実施されただけでなく、その後も頻繁に制度が変わっている。いわば増築に増築を重ねた建物のようで、全体像がよく分からない。

制度を複雑にしている理由は年金という給付の特徴が影響している。通常、何かしら制度が変われば対象者全員が新しい制度の適用を受ける。ところが、年金制度は保険料を長い期間払い続け、給付も長期にわたって受ける。制度が変わってもその前に年金を受給している人は前の制度のままとなったりする。制度改正の度に新制度の対象となる人と旧制度の対象者が生まれる。それが制度を複雑化させているのだ。そういった制度の隅々まで知る職員は、同じ分野を長く担当することが多いノンキャリア職員なのだ。

採用の試験区分は2011年度まではⅠ～Ⅲ種等、上級乙種等、中級等の5つに分かれていた。Ⅰ種等がキャリアにあたる。12年度からは区分の見直しが行われ、総合職（大卒、大学院卒対象）、一般職（大卒対象）、専門職に見直された。総合職がキャリアになる。19年1月15日時点で、3万1518人いる厚労省職員のうち、キャリアは1061人しかいない。全体のわずか3％だ。女性職員は全体で9520人、キャリアでは257人。女性の比率は職員全体の約3割、キャリアでは2割強である。

採用試験は難関

採用試験の仕組みを説明する。

試験には区分がある。同じ総合職でも採用区分が違うのだ。大卒者対象の総合職試験で見ると、政治・国際、法律、経済、人間科学、工学、数理科学・物理・地球科学、化学・生物・薬学、農業科学・水産、農業農村工学、森林・自然環境、教養に分かれる。省庁によって必要な人材の区分が違う。

最も多いのは法律区分である。官僚は制度と法律づくりが本業だ。だから、学歴は官僚養成を担う東京大学をはじめ法学部卒が多い。厚労省も同じである。

厚労省では他に、専門職の薬系技官となる化学・生物・薬学、各種統計や年金数理などに必要な数理科学・物理・地球科学区分も採用している。

総合職の試験申込者は19年度、全体で2万208人、合格者数は1957人、合格率は9・68％だった。一般職（大卒）の申込者は2万9893人で合格者7605人。しかし全員がいずれかの省庁に採用されるわけではない。一般職の20年度採用数は3589人（うち女性1371人）、総合職は733人（同260人）で、合格者の3分の1

ほどだ。

採用されるには筆記の試験に合格しただけではなく、各省庁が実施する面接を通らねばならない。各省庁はこれを重視している。試験後に面接による人物本位の評価を行い、ふるいにかける。面接試験とは別に志望する学生を対象に霞が関の職場を開放する「霞が関ＯＰＥＮゼミ」が各省庁で開かれる。そこでは業務説明だけでなく若手職員との意見交換も行われる。筆記試験だけでなく人物で選ぶ採用は民間と同じだ。

年間給与は課長で１２００万円

防衛省職員などの特別職を除く一般職の国家公務員約28万人は人事院勧告の対象となる給与法適用職員だ。人事院が示す２０１９年のモデル給与を紹介すると係員（高卒初任給）が２４７万６０００円、係員（大卒初任給）が２９９万５０００円、係員（25歳）は３１８万８０００円、係長（35歳）で４５５万９０００円、地方機関課長（50歳）で６７４万５０００円、本府省課長補佐（35歳）で７３７万６０００円、本府省課長（50歳）で１２６４万２０００円、本府省局長で１７８７万９０００円、事務次官が２３４７万３０００円となっている。

年功序列賃金の典型である。これが民間に比べ高いか安いかは見方が分かれる。霞が関の中央省庁は長時間労働が知れ渡っている。残業代が払われないサービス残業もある。いわゆる「ブラック企業」並みだ。特に若手は業務量との見合いでは高給取りと決めつけるのも乱暴だろう。

定年延長は一度お預けに

国家公務員（一般職）の定年は原則60歳だ。ただ、例外はあり、事務次官は62歳、在外公館の職員は63歳など幅がある。定年後には再任用制度、民間でいう嘱託社員のような制度がある。出世の早いキャリアは、ポストが上がるにつれてその数が減るのでほとんどが定年前に退官する。

人事院は国家公務員の定年を65歳に段階的に引き上げる方針だ。実際、２０２０年の通常国会に国家公務員法改正案を提出したが、廃案となった。理由は安倍政権との関係が近いといわれた黒川弘務・東京高検検事長の定年延長を合法化する目的で検察庁法改正案と国家公務員法改正案がセットで国会に提出されたと見られたため、検察庁法改正に世論や野党の批判が集まったからだ。21年の通常国会では検察官に定年延長の規定は適用しないとの修正がされた改正案が可決成立した。改正法は、一般職の国家公務員の定年を60歳から65歳に段階的に引き上げ、60歳になると管理監督職から外れるが、公務運営に支障が生じる場合にその職に留まれる規定が設けられた。

公務員の定年延長については以前から議論がある。延長するとその分の人件費がかさむし、若手官僚の活躍の場が狭まる。働く期間が延びるとシニア職員の処遇が難しくなるし、行政機能が低下するといった批判がある。だが、公務員の雇用制度の変更は民間にも波及する。民間も定年を60歳と定めている企業が多い。人生100年時代といわれ高齢期が長くなり、働けるうちは働きたいと考える人も増えた。65歳以上の雇用確保をどうするかの1つの答えが、まず60歳定年の延長だが、黒川騒動が思わぬ影響を及ぼした。

女性職員は3割に届かず

厚労省の採用数は20年度入省が総合職59人（うち女性は23人）、一般職616人（同248人）。20年7月時点の職員全体に占める女性の割合は28・5％、管理職の課室長相当職では9・1％。女性の採用・登用に関しては、職員全体に占める女性比率は34・

9％の消費者庁、課室長相当職は13・1％の人事院が最も高い比率だが、そこには及ばない。厚労省は中位ほどに位置している。

政府は「20年度までに社会の中で指導的地位に占める女性割合を3割にする」との目標を第4次男女共同参画基本計画に盛り込んでいた。計画は女性の社会参加を推進するための各分野の具体的な取り組みを定めている。その中でもこの政府目標は、国連が示した国際的な目標に沿って2003年に掲げた国際公約だった。だが、20年末に閣議決定した21年度から5年間の取り組みをまとめた第5次計画では、その目標は「20年代の可能な限り早期に」と後退してしまった。

実際に実現には程遠い。国会議員（衆院）に占める女性割合は9・7％で世界190カ国中168位、民間でもいわゆる管理職に占める女性割合はおおむね3割以上の先進国に比べ、日本は19年時点で14・8％だ。

省庁でも女性職員は増える傾向とはいえ、先に示したように動きは鈍い。厚労省では障害者団体向けの郵便料金の割引制度の不正利用にかかわったとして逮捕・起訴された後、一転、犯行の事実はなかったとして無罪となった村木厚子氏が職場復帰後に事務次官となった例が記憶に新しい。だが、幹部に女性職員は少ない。旧厚生省と旧労働省が統合された２００1年以降、現次官の吉田学氏まで15人いるが、女性は村木氏だけだ。
厚労省は女性の働き方を支える政策を担う。保育所整備や仕事と家庭の両立支援、職場でのセクシャルハラスメント、パワーハラスメント、妊娠・出産を理由とした嫌がらせであるマタニティーハラスメントなどの対策も進めている。それだけに女性職員にも働きやすい職場環境をつくる責任は大きい。

女性初の厚労次官・村木厚子氏

村木氏は、まだまだ男性社会の役人の世界で２０１３年に次官に就いた。政府全体でも女性の次官は１９９７年に旧労働省の事務次官に就任した松原亘子氏以来２人目になる。

村木氏は郵便不正事件に巻き込まれ一般にも名前が知られるようになった官僚だ。２０１０年に無罪となり復職、旧民主党政権で厚労相だった細川律夫氏から「ただちに職務に」と要請されて内閣府の政策統括官（局長級）に就いた。

復職が決まり1年3カ月ぶりに厚労省に登庁した際、筆者も1階の正面玄関にいた。職員向けには事前の案内がなかったが、自主的に１００人近くの職員が集まった。夫で当時同省総括審議官だった太郎氏もいた。村木氏が姿を見せると、一斉に歓声と拍手がわいた。いつもは難しい顔をして取材に答える幹部も、村木氏の姿を見つけると本当に嬉しそうだった。

逮捕された時「そんなことをする人ではない」というのが周囲の職員の反応だった。犯罪を検察にでっち上げられていただけに、無罪を勝ち取り無事復職した喜びを、そこにいた職員全員が共有しているようだった。

復職後に就任した内閣府では子育て支援政策を担当した。保育所整備や女性の雇用と子育て両立支援策などは厚労省の所管だが、幼稚園政策を文部科学省が担当しているため、子育て政策を政府として統括して扱う必要から、内閣府に担当部署が設けられていた。厚労省からも官僚たちが出向していた。

余談だが、保育所と幼稚園とでは目的が違う。保育所は、共働きの保護者の家庭で昼間に保育が必要な子どもたちにそれを提供する福祉施設、だから所管は厚労省となる。幼稚園は幼児教育を提供する教育機関という位置づけなので文科省所管となっている。

課長の右腕・課長補佐

入省するとエリート職員は順々に出世の階段を上っていく。その職制は、係員、係長、課（室）長補佐、企画官、参事官（課長級）、課（室）長、部長、審議官、局長、総括審議官、官房長、医務技監（次官級）、厚生労働審議官（次官級）、事務次官という具合だ。

企画官や参事官はラインの課長、審議官になる前のポストで、課長のように具体的な課などの組織を持たない一匹オオカミ的な立場だ。課長以上はやはり多くがキャリア官僚である。課長補佐は民間企業では課長代理とか次長といった立場だろうか。業務量が多く忙しい課だと複数いる。30代くらいの若い職員はキャリアが多い。

仕事は文字通り課長を補佐する役目で、このポジションで管理職としての実務を覚える。通常、メディアの取材は課長以上が受ける。政策判断や取り組んでいる政策の中身はやはり現場責任者である課長に聞くのが早い。

課長が不在だったりすると補佐が応対する。担当する政策への知識があるし、課長の考え方も分かっているのでメディアへの説明ができるからだ。

課内でも課長と課員との間で仕事の割り振りを担い、課長と課員の意思疎通役にもなっている。補佐職で頭角を現す人材がいて、幹部と話していても他部署で補佐級の若手の使える人材がいないか聞かれることがある。政策立案と組織の管理能力の両方が問われる立場だといっていい。

公務員制度のルーツは明治期

歴史を振り返ると現在の公務員制度は明治期の制度を引き継いでいる。

『日本社会のしくみ　雇用・教育・福祉の歴史社会学』（小熊英二著　講談社現代新書）によると、当時、階級を15等級設け、それを3つの階層に分けていた。一番上の階層である「高等官」は高等文官試験に合格した人たちで、今のキャリア官僚にあたる。どの等級の官僚がどの役職に就くかは、詳しく定められた。高い等級になるには高学歴が求められていた。

高等官のなかで最上級、つまり15等級の最上級の「親任官」は軍なら大将、文官なら大臣、その下の「勅任官一等」なら知事、長官、次官、局長、警視総監、帝国大学長といった具合だった。等級によって俸給額も決められていた。

現在でも等級が分けられ、それによって就ける立場は決まっている。給与額もそれに沿って決まる。これは実は民間企業にも残っている雇用慣行でもある。主任、副参事、参事などの職位があり、係長や課長、部長といった職制は別に定められている。

民間企業にも拡がる人事制度

日本では、民間企業でも入社時の学歴が重視される。高学歴の方が高い地位や給与が保証され、しかも、年次を経るごとに給与が上がる仕組みだ。これが終身雇用や年功賃金制度になっている。経験を積むと職務遂行能力が上がるのでその能力に対して評価をして賃金が決まる人事制度だ。営業職から企画や財務部門に異動するし、全国どこでも転勤がある。これは職能型といわれる。だから企業も大学卒までの資格を求めるが、入社後に人材育成するので、それ以上時間をかけて大学院へ行って学位を取るより、学部を卒業して入社する人材を求めがちだ。

一方、欧米は職務の内容で賃金が決められている。例えば、経理なら賃金はこれだけ、技術者なら賃金はこう、マネジメントを担う管理職ならいくらになるといったルールだ。こちらは職務型、ジョブ型ともいう。

雇用は職務ごとに採用される。経理で働く人なら転職先も経理職を選ぶし、雇用する企業も経理職として採用する。学歴はその職務を任せるならこの学位、この資格が必要と企業が決めている。学部卒より大学院を卒業した方が得られる職種が広がり賃金も上がる。採用時に労働契約を結ぶ際に職務内容も必要な学位・資格、賃金、就労場所も決められる。だから、基本的に転勤はないし、学歴は日本より重要視される。

日本人の学歴が欧米に比べ低いのは、こうした事情のためだ。

公務員制度の影響が官僚制度だけでなく、民間にも根強く残っている。

恒常的な「ブラック職場」

旧民主党政権時、厚労相に就いた細川律夫氏が厚労省2階の講堂で職員を前に就任のあいさつをした光景を見ていた。2010年9月のことだ。

壇上に上がった細川氏は背広の内ポケットから紙片を取り出した。それには各省庁職員の残業時間数が記されていた。厚労省はワーストだった。そして職員たちに働き過ぎをなんとか是正したいと呼びかけた。

会場からは反応はなく、職員たちは黙って聞いていたが、それは所詮無理と思っていたからだろう。それくらい霞が関の「ブラック職場」ぶりは過酷である。

猛烈な働きぶり、というか働かせぶりは実際に官僚として働いていた千正康裕氏の

『ブラック霞が関』（新潮新書）に譲るが、ここでも少しだけ触れたい。

20年11月、内閣人事局のある調査結果が公表された。中央省庁の20代国家公務員総合職の退職者数が19年度、87人に上ったというものだ。6年前の21人から4倍以上に増えている。これは異常な事態である。総合職はキャリア官僚だ。今後、重要な政策づくりのメインプレーヤーになる人材である。本来なら体力、気力が充実しているはずだが、入省から数年で退職している。

調査結果では、30歳未満では「辞める準備をしている」「1年以内に辞めたい」「3年程度のうちに辞めたい」と考えている人は、男性で約15％、女性で約10％いた。

退職理由は「もっと自己成長できる魅力的な仕事に就きたい」と答えた人が男性49％、女性44％。「長時間労働で仕事と家庭の両立が難しい」は男性34％、女性は47％もいた。仕事にやりがいを感じないばかりか、そもそも家庭を持って仕事を続けることが困難だということだ。

労働条件を定めた労働基準法では、労働時間の上限を週40時間、1日8時間と定めている。これ以上働く場合は残業となり月45時間が上限だ。残業するには労働組合などとの労使協定（労基法36条に規定があることから「36（サブロク）協定」と呼ばれる）を締結するというハードルも設けられている。

ただ、労基法の適用を受けるのは民間で働く人だ。国家公務員は適用を除外されている。働き過ぎへの法的な規制が弱いのである。

厚労省職員の残業ぶりはどうか。20年の1年間に、霞が関の本省で月80時間以上100時間未満の超過勤務が最低1カ月（最大5カ月）続いた人は計1279人いた。月100時間以上が最低1カ月（最大5カ月）続いた人は計555人いた。本省にいる約4000人のうち、分かっているだけで半分近い職員が過重労働だ。

この超過勤務時間は、体調を崩したり亡くなったりした場合に労災認定されるレベルだ。特に、4カ月または5カ月にわたり長時間労働だった人は、80時間以上100時間未満で714人、100時間以上で280人といずれも超過勤務者の5割を超える。長時間労働が常態化すれば当然、体調を崩す職員が出る。筆者もそういう職員を何人も直接知っている。

多忙な業務

職員たちが忙しい理由は、人手不足、業務量の増加、そして国会対応だ。

ここ5年ほどの採用人数を見ると、総合職事務系は30人台、一般職は厚生系60人前後、労働系は30人台といった推移で横ばいだ。２０２１年度は、新型コロナ対策の強化が必要なため、省全体では１０６０人、うち本省は１５２人の増員をする。だが、組織の合理化も同時に求められている。21年度は同時に省全体で７５３人、うち本省は79人の減員も実施される。とはいえ差し引きはプラスなので、公務員改革で人員が減らされる時代に、破格である。

業務量の増加には2つの理由がある。１つはネットやＳＮＳなど通信環境が整い、省内の情報のやりとりや、外部の関係者との打ち合わせなどへのレスポンス速度が格段に上がった。これは民間企業も同じだろうが、それにより仕事を進める速度が速くなった。自宅でもパソコン１つで仕事ができる時代だ。官僚たちも同じ環境に置かれている。

以前は、紙文化の権化のような職場だったので、課員など若手の仕事の多くは、各部署とのやりとりに必要な書類、各審議会で使う会議資料、メディア向けの報道資料など膨大な紙書類の作成が大きな比重を占めた。今はペーパーレス化を進めている。審議会で配布する資料は多いとＡ４判で数十ページの資料を複数束にしてワンセットという分量だったが、最近はホームページに公開するだけで、利用者はパソコンやスマホで見ている。この作業が減った分は余裕が出たが、業務速度による業務量増はこれを相殺してもまだ多くなっているのではないか。

業務量の増加のもう1つの要因は不祥事への対応である。例えば、19年1月に政府の基幹統計という重要な統計である「毎月勤労統計調査」で調査の不正が見つかった。実際の一人当たり給与より高く算定したことで、安倍政権が進めた経済政策であるアベノミクスの効果だとの宣伝に使ったと批判された事件だ。

統計作業のやり直しはもちろんだが、この統計数値を使って算定していた失業給付や労災給付の額にも違いが出てしまった。その計算のやり直しや既に支払った人への額改定の通知や追加支給の態勢の整備など膨大な作業量が生じた。

最初は当該部局に労働系の部局の応援で進めたが、人手が足りなくなり労働系と関係ない厚生系の部局からも応援に入り対応する羽目になった。応援は管理職も例外ではなく投入されていた。不祥事を抱えた部局も応援に人を取られた部局も本来の業務に支障が出ただろう。一時的とはいえ「開店休業」状態になった。

厚労省は最近だけでも、年金記録問題や年金記録漏洩事件など大きな不祥事が続いた。その度に人手が取られる事態になる。不祥事を起こした責任は省自身にあるが、やる仕事はその尻ぬぐいだ。世論や国会、メディアの批判を浴びつつ取り組む職員たちの士気は下がるだろう。不祥事対応のために本来の制度づくりや法律改正などの仕事が遅れたり、先送りされたりすれば、結果的に国民の利益が損なわれることになる。

忙殺される国会対応

だが、職員を最も多忙にさせているのは、国会への対応である。国会開会中の行政府としての厚労省の仕事は、国会議員の質問に答える答弁書の作成になる。事前に国会議員を回り国会で行う質疑での質問内容を聞き取る。それを省に持ち帰り、担当課の職員が答弁案をつくるのだ。

事前に議員から質問内容を聞き取る作業を「問取り」と言う。議員がどんな質問をするのかの通告は、国会での質疑の2日前の正午まで、と一応なっているが有名無実化している。作業は前日夕方から深夜にかけてが多い。持ち帰った情報は質疑を行う議員ごとに質問の数、内容、担当部局ごとに一覧表にする。これを元に質問を振られた担当課が答弁案をつくる。議員はこういった事情を知っているので、中には困らせようとわざと質問内容を正確に教えなかったり、通告時間をギリギリにしたりすることもあるようだ。

答弁案ができて終わりではない。省内の決裁手続きが待っている。答弁案を担当の課長補佐、課長、各部局長がチェックする。大臣答弁の場合は大臣官房総務課の担当者が入念にチェックする。それぞれの質問ごとの答弁に齟齬や矛盾が出たら野党議員からすぐ突っ込まれる。「炎上」を防ぐために細心の注意が払われている。国会開会中は夜間に省外で幹部に取材していると、担当課から電話がかかってくることがある。できあがった答弁案の確認を求められるのだ。幹部は取材対応後に省に戻っていく。

答弁作成は未明や答弁当日の朝になることもしばしばある。その時、問題になっている案件を担当する部署、年金や医療など国民の関心の高い分野は必然的に質問数も多い。答弁作成は国会開会中ほぼ毎日だ。答弁資料は質疑者順、質問順、質問ごとにまとめられ1000ページに及ぶこともある。こうなると行政マンとしての高度な知識や思考を求められる仕事というより「作業」である。国会議員は国民の代表だし、国会は国権の最高機関であるから行政府がその求めに応じ必要な答弁を行うことは、国会の国政監視に不可欠な対応ではある。それでも官僚からタブレット端末導入などの業務効率化や書類作成の外部委託などの要望が出る事情も理解できる。

厚生系と労働系

厚労省は２００１年の省庁再編で統合された。それまでは旧厚生省と旧労働省に分かれていた。01年以降は１つの省庁なので採用も一括して行われるが、それ以前は別々の役所文化があった。官僚たちのメンタリティも違う。

違いは制度づくりのプロセスの差から来るのではないか。ある官僚は「労働系は下のポジションから上司へ順番に決裁を経てものごとを決めるが、厚生系はそうした手続きはあまり重視しておらず、問題を担当する人材が動いて政策を進める」といった説明をした。

労働系の部局は雇用・労働政策を担う。労働条件や雇用制度などの労働政策の政策決定にはある原則がある。公益（政府）、労働者、使用者の三者が対等な立場で協議するという「三者構成の原則」である。これは国際労働機関（ＩＬＯ）が勧告した原則で、日本政府も重視している。

さらに賃金、働き方など労働現場の問題は労使の話し合いで決める「労使自治」が基本となっている。だから労働系のさまざまな課題を議論する審議会も日本経済団体連合会（経団連）など使用者側団体と、日本労働組合総連合会（連合）など労働組合と政府側の公益委員（学者や弁護士など）の三者構成になっていて、ここでも労使の自主的な協議が尊重される。厚労省はその仲介役といった役割で、自ら議論をリードして決める立場ではない。厚生系のある元幹部は「労働系の仕事を担当した時、労働組合や経営者団体への気の使い方を見て驚いた」と話していた。

本当はこうしたい、という制度への考えはあるのだが、労使自治、三者協議の枠があるのでそう強く言えない。だが、たいがいの雇用政策は労使で利害が対立する。例えば、高度な専門知識を持つ労働者を労働時間の規制から外し、自らの裁量で働けるようにする新制度「高度プロフェッショナル制度（高プロ）」を導入した際は、働いた時間ではなくその人の成果に賃金を払いたい経営側と、それでは成果が出るまでいくらでも働かせ続けられると労組側が反発してもめた。最後は落としどころを探って妥協するのだが、そこに至るまでに時間がかかる。逆に言えば、時間をかけて双方に納得いく解を見つけるという進め方だ。厚労省は仲介役に徹するしかないのだろう。それが労働系官僚のメンタリティに影響している。

厚生系は自らが動く、そんなイメージの官僚が多い。厚生系の官僚の交渉相手は幅広い。治療や薬の価格を決める中央社会保険医療協議会（中医協）を例に挙げると、医療保険に費用を出す健康保険組合連合会などの保険者、経営者団体の経団連、連合、一方は医療費を報酬として受け取る医療側の日本医師会、日本歯科医師会、日本薬剤師会、病院の団体である全日本病院協会、国民健康保険を運営する地方自治体、これに公益委員として学者などの識者が加わる。

中医協には下部会議があり専門委員として日本看護協会、製薬企業、医療機器企業などが加わる。介護分野や年金分野なども審議会メンバーは幅広い。多岐にわたるステークホルダーを相手にして政策をまとめねばならない。

とても仲介、調整に徹するだけでは政策は進まないだろう。政策づくりには水面下で個別に交渉したり、データを示して説得したり、今回は無理な条件をのんでもらう代わりに別の政策で譲歩する、といった手練手管が必要になる。国会議員やメディアとのつきあいにも熱心だ。さまざまな利害を調整して合意するが、こうしたいとの絵がまず官僚に描けていないと交渉にならない。だから厚生系の官僚は、くだけた言い方だと「キャラが立っている」個性的な人が多い。

どちらが優れているとか、官僚のあるべき姿だとか言うのではなく、それぞれの役所のカラーなのである。

情報公開は厚生系から

情報公開は旧厚生省が進んでいた。省内の各部署の座席表と担当者氏名、連絡先が掲載されたガイドブックが市販されている。省内のどの部署のどこに誰がいるのかが分かるので取材でも重宝している。実は労働省との統合前から厚生省ではこうした情報は公開されていたのだが、労働省は非公開が当然という姿勢だった。統合後のガイドブックでもしばらく、旧労働省系の部局は部署名と連絡先のみが掲載され、担当者名や座席表はなかった。官僚の氏名はせいぜい課長ぐらいまでだった。もちろん今では、厚生省にならい公開されている。細かい点だが、こういうところに組織の意識が出る。

各種審議会は原則、公開されている。これは厚生省が他の省庁に先駆けて始めた。他省庁では今でも非公開の審議会があるが、厚労省で非公開は医薬品の審査や最低賃金の改定を決める審議会など、公開することで利害関係者に不利益を及ぼす懸念がある場合に限定されている。国民なら、事前に登録をすれば誰でも原則、傍聴ができる。

以前は非公開が原則だったが、1992年に公表された脳死を「人の死」とする「脳死臨調」の議論公開が不十分だったことで脳死への理解が進まなかった反省がきっかけのようだ。80年代に加熱処理しなかった非加熱製剤を血友病患者の治療に使用したことで、多数のＨＩＶ感染者らを出した薬害エイズ事件の反省も情報公開への流れを後押しした。

（3）石を投げれば専門職にあたる

「接着剤の役割」

厚労省の特色の1つは専門職の存在だ。統計や年金、医療保険分野の数理を扱う数理区分で入省する人がいるが、この分野は他省庁にもいる。

なんといっても厚労省ならではの人材は技官である。医師・歯科医師の資格を持つ職員は医系技官、看護師資格のある職員は看護系技官、薬剤師資格や化学・生物分野の専門知識を持つ職員は薬系技官と呼ばれる。獣医師資格を持つ獣医系技官もいる。技官は専門知識を持つ立場で事務官と区別されている。医療分野の部局では欠かせない人材になっている。

国家公務員の多くは事務官だ。法律や制度をつくったり改善したりする。技官はどんな役回りだろうか。

医系技官を省内で統括する大臣官房厚生科学課の佐々木昌弘課長は「政策を進める上で他の制度や法律、他省庁との調整役は事務官が行う。これを横軸と考える。医系技官は問題を深掘りして医学、公衆衛生の観点から妥当なのか、その政策で医療現場はうまく動くのかといったことを考える、いわば縦軸の役割だと思う」と説明する。

例えば、東京にはがんの治療を受けられる医療機関が多くある。地方に住んでいる人にも同じ水準の治療が受けられるように広げる政策が必要だ。これを均てん化という。医系技官はそれに知恵を絞る。また、臨床現場はがんの治療はするが、患者はそれだけでは社会で生活しにくい。治療と仕事との両立支援策も医系技官の守備範囲になる。

ある薬系技官は技官の役割について、こう説明する。

「薬系技官は、法令事務官ほど法律に詳しくない。科学的専門性は研究者に及ばない。医療関係者や企業人ほど現場感覚もない。患者さんやそのご家族の苦しみは想像することしかできない」。だから、これら関係者をつなぐ「コーディネート、接着剤の役割」だと言うのである。事務官にはない専門性をそこで生かすということである。

どの技官の役割もおおむね同じと考えていい。

330人の医系技官

医系技官は現在、医師が約300人、歯科医師が約30人いる。医師は臨床経験を持つ者が採用される。必要な医療の提供を考える医政局、感染症やがん対策、難病対策などを所管する健康局、医療保険制度を担当する保険局など医療系に多く配属されている。働く人たちの安全衛生分野など労働系部門にもいる。もちろん空港などの検疫所も管轄だ。他省庁や研究機関、地方自治体にも出向する。社会の複雑化につれ専門的な知識を持つ人材はニーズが高まっている。医系技官は少しずつ採用を増やす方向にある。

配属されている部署は本省では80近い。新型コロナ対応を担う結核感染症課は課長が医系技官だ。部課長に多数いるし、健康局長や次官級の医務技監も医系技官になる。技官の代表職種といっていい。

それだけに採用の歴史は古い。医系技官との呼称はなかったが、明治時代に採用した記録がある。内務省の初代衛生局長を務めた長与専斎はオランダ人医師ポンペから西洋医学を学んだ医師だった。

戦後は連合国軍最高司令官総司令部（ＧＨＱ）の考えが影響した。戦後の混乱期には感染症対策、食品の衛生問題、医薬品の安全管理などの公衆衛生上の課題が山積していた。科学的視点で衛生行政を実現する必要から医師を技官として旧厚生省に配置した。

１９６４（昭和39）年に東京オリンピックを開催した時の東京都知事で医学者の東龍

太郎は、46（同21）年に旧厚生省の初代医務局長となった。今で言う医系技官の草分けだろう。政府の新型コロナウイルス感染症対策分科会会長を務めている尾身茂氏も医系技官出身だ。厚生省勤務の後、世界保健機関（ＷＨＯ）西太平洋地域事務局長も務めた。感染症の研究で知られ新１０００円札の顔となる北里柴三郎も厚労省の前身である内務省の医系官僚だった。

現在は科学の進歩がめざましく、医系技官はその速さに行政をどう対応させるかが課題になっている。世界の潮流から取り残されてしまったのでは必要な政策は打てないわけで、医系技官を統括する厚生科学課はゲノム医療などライフサイエンスなどに対応する部署として１９８８年に設置された。95年の阪神淡路大震災を機に災害対策も担う。

採用活動は同課が担当する。看護系技官もそうだが通常の公務員試験で採用するのではなく技官を統括する部署が人事部と調整しながら募集・採用を行っている。最低でも臨床研修を修了した現場経験を積んだ人材が対象だ。医系技官は入省後も勤務時間外に臨床現場での診療業務が認められている。経験を通して社会のニーズに医療を適応させる政策を専門とする社会医学系専門医の資格も取得できる。

患者目線の看護系技官

看護師資格を持つ看護系技官は約80人、うち男性は5％ほどで、やはり女性の多い職場だ。医療系の部局に多く配属されているが、看護系技官を統括する医政局看護課は25人ぐらいいる職員のうちの15人が看護師である。

看護系技官の役割を島田陽子課長は「医療と日々生活する患者の両方を理解する立場。患者の視点から病気を治すことと生活を成り立たせていくことをどう実現していくかを考える役目」と言う。

例えば、新生児医療の発達で超未熟児や先天的な疾患を持つ子どもたちが生きられるようになってきた。その代わり、たんの吸引や経管栄養などの医療的ケアが必要になっている。こうした子どもたちの生活の中に必要なケアを組み込める政策や制度を考えるのが、看護系技官の仕事だ。

新型コロナ対策では都道府県の看護協会が運営するナースセンターと連携して、職から離れている潜在看護師を掘り起こし復帰を呼びかけている。医療機関での感染症対応では、医療的なケアだけでなく高齢患者の移動時などの介助、病室の清掃・消毒作業、入院時に外出できない患者に代わっての買い物まで看護師がやらざるを得ない状況になった。医師以上に不足が深刻化した看護師の確保は、今回の新型コロナ対応のなかで新たに分かった課題だ。平時の人材育成とは違う発想が求められる。

看護系技官は本省では、働く人たちの健康を守る産業政策や、高齢化による認知症対策、母子保健、虐待対策、保育施策に関わる部局など40近い部署に、そのほか各地の地方厚生局にも配置されている。

統括する看護課は看護師、助産師、保健師の教育課程の整備など人材育成を主に担う。看護系技官の募集・採用も行う。医系技官同様、臨床経験を積んだ人材が対象で看護師免許と、保健師または助産師免許取得者で7年以上の実務経験者だ。採用はかなり即戦力を意識している。

人ではなく「モノを診る」薬系技官

薬系技官は、事務官として入省する職員と同様、国家公務員試験を受ける。「化学・生物・薬学」採用枠の理系の総合職となる。薬剤師資格がなくても化学・生物分野の専門性があれば採用される。現在の人数は約１８０人。最近は年に10人ほどが採用されている。

省内の役割は医系、看護系と同じで現場と行政のつなぎ役だが、対象が医系とは違う。業務の中心は医薬品関連である。医薬品、医療機器、食品などの審査、安全性の監視業務が主な守備範囲になる。医師は人を診るが、薬剤師資格の薬系はこうした分野を対象に社会で安心して利用できるようにする。いわば「モノを診る」仕事だ。

特に医薬品は次々と新薬が出る。医薬品・医療機器は国が承認しないと社会で使えない。その審査は重要な業務だ。社会に出回ると副作用の発生を把握する。医薬品や医療機器の開発、審査・承認、販売後の監視などに一貫して関わる。

省内での配置は医薬品・医療機器を扱う医薬・生活衛生局が中心だ。同局には麻薬取締官を統括する課もある。医療保険を所管する保険局などにも配置されている。

新薬の承認審査は独立行政法人医薬品医療機器総合機構（ＰＭＤＡ）が実施しているが、そこにも薬系技官は出向し、承認前に製薬メーカーなどが実施する臨床試験である治験のデータをチェックする。かなりの専門性が必要だ。国内で治験結果を見て医薬品に有効性や安全性があるか分析できる人材はＰＭＤＡに集められている。

食品の安全性確保は公衆衛生分野でも重要な役割である。日本では食品の安全性などのリスクを評価する組織と、安全性を確保するためリスクを管理する組織が分かれている。それぞれ独立して判断できるよう組織の分離は重要だ。リスク評価は食品安全委員会が、リスク管理は厚労省が担当している。

2011年の東日本大震災で発生した福島第一原発の事故で、農産物や水産物の放射線汚染が問題となった。この時、食品安全委員会がリスクを評価し出荷停止の基準を決め、厚労省が実際に出荷停止の措置を実施した。厚労省は食品安全委員会にも技官を出している。薬系技官としてはPMDAと食品安全委員会が省外での主な活動の場だ。

技官が活動した場として分かりやすい例は新型コロナの感染者が発生し対応に追われたクルーズ船ダイヤモンド・プリンセス号だ。医系も看護系もそれぞれ対応したが、薬系技官は船内の乗客に必要な医薬品の手配に奔走した。

船内での隔離生活が長引くにつれ、乗客が普段服用していた医薬品が不足する事態になった。外国人乗客が使う医薬品は国内にはない。そこで使用薬を聞き取り、同様の成分の薬を国内で見つけて手配した。確保してもすぐに配布できない。使用法も合わせて説明する必要があり、英語のできる技官が船に乗り込んだ。日本薬剤師会にも応援を頼み態勢を整えた。

処方薬の配布は医師の処方が必要だが、船に乗り込んでいた船医が処方するという対応で乗り切った。乗客からは「なかなか薬が届かない」と悲鳴があがり、対応が遅いと批判もあった。薬系技官からすれば、薬の使用法を間違えると副作用被害に遭うこともある。宅配便を届けるようにはいかなかった。

医療や医薬品は確立されたものが多く、誰が利用しても結果は同じだと思いがちだ。だが、実は同じ治療、同じ医薬品でも人によって効果が違ったり、思わぬ副作用が出たりするものである。医療はここが難しい点だ。

21年に入り薬系技官は新型コロナのワクチン審査に取り組んでいる。早くワクチンを手に入れたいと国民は期待しているし、政治の要求も高まっている。だからといって安全性と有効性の審査をおざなりにはできない。政治圧力に負けず専門職として科学的知見に基づいた判断が求められている。

壁に直面する技官の人材確保

どの技官も専門資格を持つ人材だ。この道を選ぶ人は基本的には医師、看護師、薬剤師を目指して資格を取得している。専門性が求められるような社会的ニーズが高まっているとはいえ、厚労省としても人材確保は楽ではない。

総合職などの国家公務員は、試験合格後に各省庁を回り志望の省庁を決める。厚労省から見ると他省庁がライバルだが、独自に採用する技官は臨床現場や研究機関、製薬企業、コンサルタント企業など民間がライバルとなる。当然、民間企業の方が国家公務員より収入が高い。処遇の問題が横たわる。

次官級の医務技監は２０１７年に新設されたポストである。保健医療の制度づくりを担い、国際協力関係の構築も担当する立場として医系技官最高位になる。初代は鈴木康裕氏、二代目はタレントの宮崎美子さんとのかつての交際が話題になった福島靖正氏だ。福島氏は外部の研究機関から呼び戻された。09年に発生した新型インフルエンザの対応を前線で担当したことがあり、新型コロナ対応での活躍を期待されてのことだ。

医務技監新設にあたり法改正の議論が行われた17年４月21日の衆院厚生労働委員会で医系技官の処遇が取り上げられた。

旧民進党の岡本充功議員が４人しか採用できていない年の応募人数をただしたのに対し、当時、健康局長だった福島氏は「目標としては40人ぐらい応募していただいて、20人くらい採れたらいいということで、一生懸命、採用活動をしている」と答えている。

当時の塩崎厚労相も「給与水準についても改善を人事院に対して行っている」と処遇

が十分ではないことを認めている。

医務技監新設も処遇改善の一面がある。事務官は最高位が次官でさまざまな部局の局長や審議官に配置されるが、医系技官にとっての高位ポストはそれまで健康局などの局長に限定的だった。次官級ポストは官僚としてのモチベーションを上げる狙いもある。

同様に、看護系技官の最高位は看護課長、薬系技官は医薬・生活衛生局のナンバー2である審議官が最高位になっている。歴代の看護課長は省内にはそれ以上のポストがないため外部に出ざるを得ない。大学教員や関係団体などに転職していくケースが多い。

薬系技官は総合職なので定年まで勤務する人も多いが、PMDAなど外部機関に異動し専門性を生かす職種に就く人もいる。

上位ポストは政策への発言力が増すしやる気にもつながるので、その確保は技官から要望されている。

「ホワイト職場」がライバル

処遇は給与やポストだけではない。厚労省は「ブラック職場」との受け止めが一般に広がっている。入省する若手にとっても「働き方」は切実な問題だ。就活で各省庁を回る学生らは勤務実態もチェック項目に入れている。薬系技官の場合、残業がなく定時で帰宅できる特許庁や文部科学省など「ホワイト職場」と人材獲得競争をする状況になっている。他省庁は薬系技官が持つ専門性が必要だと気づき始めているという。もともと理系の人材で研究職ならいざ知らず、人と交渉して大きな政策をつくり動かす官僚の仕事に興味を持つ人材は多くない。今後、ますます獲得競争は激しくなるのではないか。

人事上の課題もある。専門職のグループごとに採用や活用を考えているが、人事部門が各部門の動向をすべて把握しているわけではない。採用した人材がグループ内で固まってしまい、流動性がない点も問題視されている。技官として入省しても管理職に向いている人材はフレキシブルに活用するなど、組織改革が課題だろう。

前出の17年４月の衆院厚労委員会での医系技官の処遇を巡る質疑の中で、ポストについても「事務次官に医系技官がなることは可能か」と岡本氏に問われた塩崎厚労相は「それは可能だと思う」と答えている。この答弁を受けて岡本氏は「人事が硬直的になりやすい役所において、やはり、あるポジションは必ずしもこの技術職じゃなきゃいけないとか、決めるものでもない」と指摘した。

働く人を守る労働基準監督官

厚労省の専門職の中で独自の職種がある。労働基準監督官と麻薬取締官である。最大の特徴は、どちらも逮捕・送検ができる司法警察職員であることだ。労働基準監督官は「労働Gメン」、麻薬取締官は「麻薬Gメン」とも呼ばれる。捜査して摘発をするだけあってドラマになりやすい。労働基準監督官は2013年に竹内結子主演でテレビドラマ「ダンダリン　労働基準監督官」が放映された。麻薬取締官は14年にこちらも眞野あずさ、真野響子の共演で「マトリの女　厚生労働省　麻薬取締官」としてドラマ化された。見方を変えれば、厚労省の中でも国民に知られた専門職といえる。

全国の事業所は約410万、労働者は約5300万人いる。安心・安全な職場環境は働く上では前提だろう。職場に立ち入り法令に定める基準を事業主に守らせ、それにより労働条件を向上させ、労働者の安全と健康を確保する。また、仕事でけがや病気になるなど労働災害に遭った人に労災補償を支給する業務も担う。監督官は全国に約3000人いる。

雇用されている人（労働者）と雇っている人（経営者）とでは、建前は平等だが実際は圧倒的に労働者の立場が弱い。仕事の内容や賃金、労働時間、休日、転勤の有無などは経営者に有利に決められてしまいがちだ。だが、それでは労働者の安全や健康、もっといえば人権、尊厳が守られない事態になってしまう。それを防ぐためにある労働基準法（労基法）などの労働法規に基づき、法律違反者を逮捕・送検できる権限を与えている。司法警察業務を行うので労働基準監督署には取調室がある。

労基法は労働条件の最低基準を定めている。この基準を下回る労働条件は無効になり、無効になった労働条件には労基法の基準が適用される。強制的に事業者を従わせる強い法律である。違反には刑事罰があり、最も重い罰則は「1年以上10年以下の懲役又は20万円以上300万円以下の罰金」だ。本人の意思に反して無理矢理働かせる強制労働がこの違反にあたる。労基法は戦後の混乱期の1947年に施行された法律で、強制労働は人権侵害の最たる行為だったからだろう。

労働条件とは賃金、労働時間、休日、解雇規定、災害補償、安全衛生など職場の一切の待遇を指す。事業者が労基法の基準以上の条件で人を雇っているか監視・指導する、それが労働基準監督官の役割となっている。

最近は長時間労働による健康被害やサービス残業による賃金不払いなどで労働者を使い捨てる「ブラック企業」が問題となっている。記憶に新しいのは2015年、広告大手・電通の女性新入社員の高橋まつりさん（当時24歳）の過労自死事件だ。過労自死が労災認定されたことを受け16年、東京労働局と三田労働基準監督署（労基署）が電通本社・支社に一斉に立ち入り調査に入った。

調査は労基法に基づく「特別監督指導」で、法令違反が見つかり悪質と判断されれば刑事事件として立件できる。検察は結局、電通を労基法違反罪で略式起訴し罰金50万円の判決が確定した。

この時、立ち入り調査に電通に入ったのが労働基準監督官たちだ。検察官が列をなして捜索に入る映像はしばしば報道されるが、同じような光景が見られた。電通は社員に違法残業をさせるなど繰り返し労基署の是正勧告を受けており悪質と判断された。

監督官が立ち入り調査まで実施するケースは多くない。「強い権限だけにかなり抑制的に行使している」と労働系の厚労省幹部は話す。どちらかというと指導をして是正させることを重視している。

監督署のもう1つの役目は、化学物質や薬品を扱う職場、重機を使う建設現場などの安全と健康を守る仕事である。東京電力福島第一原発事故への対応で原発作業員や除染作業の労働者の健康確保に取り組み、化学物質を使用していた印刷会社での胆管がんの多発問題にも対応した。

監督官は通常1人で行動する。労働者約5300万人に比べ監督官約3000人は少ない。安倍政権が取り組んだ「働き方改革」の一環で企業への監督強化が求められ増員の方向ではあるが、この人員体制では1人が担当するエリアは必然的に広くなる。

1年間に行う全国での事業所への監督指導は約13万6000件になる。テレビドラマと違い、日々、事業所を回り監督や指導を行うという地味な仕事だ。新卒で就職する人だけでなく、既に社会で働いて転職してくる人もいる。社会経験を積む中で監督官の仕事に興味を持つようだ。

労災認定の業務も担当する。最近は長時間労働からメンタル疾患を抱え過労自殺する事案が増えている。認定作業も複雑化している。

採用は化学物質などを扱うため理工系と文系に分かれる。20年度は3446人が試験に申し込み、合格者は476人（女性158人）だった。

薬物乱用防止に取り組む麻薬取締官

協力者からの情報を元に尾行や張り込みをして証拠を固め容疑者を逮捕する。麻薬取締官に一般の人がイメージするような捜査を実際も行う。最近では、ミュージシャンで俳優のピエール瀧さんがコカイン所持の容疑で、アイドルグループ「KAT－TUN」の元メンバーの田口淳之介さんが大麻所持の疑いで関東信越厚生局麻薬取締部に逮捕され、執行猶予付きの有罪判決が言い渡された。

取締官は各地の厚生局麻薬取締部に配置され、人員は2020年度で295人。少数精鋭部隊である。麻薬及び向精神薬取締法、大麻取締法、あへん法、覚醒剤取締法、医薬品医療機器法及び麻薬特例法に関わる業務を担う。司法警察官としての捜査が知られるが、それ以外にも国際機関と連携した国際捜査への協力、医療用麻薬の流通などの管理、薬物乱用防止の啓発活動、薬物乱用者への防止プログラム、押収された薬物の鑑定作業なども業務だ。

密輸事犯の検挙も税関と協力して実施する。20年には冷凍エビを装った段ボール20箱に覚醒剤240キロを隠し密輸しようとしたカナダ人を逮捕している。19年には中国の密輸組織が密輸しようとした覚醒剤約1トン（末端価格約600億円）を警視庁などの関係機関と協力して押収している。

気軽に入手でき薬物使用の入り口になると社会問題化した危険ドラッグを規制するた

2022

2月の新刊

新潮新書

毎月20日頃発売

2月新刊　4点刊行!

親鸞と道元

平岡 聡

◉880円 610939-3

ともに斬新かつ独創的な教えを展開した親鸞と道元。しかし「念仏と坐禅」「救いと悟り」など、両者の思想は極めて対照的。多様で寛容な日本仏教の魅力に迫り、宗教の本質を問う。

厚労省 劣化する巨大官庁

鈴木 穣

◉902円 610940-9

長引くコロナ禍の中、最も世間の耳目を集める省庁・厚労省。毎年莫大な予算を執行し、3万人もの人員を抱える巨大官庁の組織と役割から政策、不祥事までを徹底解説!

背進の思想

五木寛之

◉858円 610941-6

ひたむきに「前進」するだけが、生きることではない。人間は記憶と過去の集積体なのだ。時には、後ろを向きながら前へ進む——混迷の時代を生き抜く〈反時代的〉思考法。

マツダとカープ 松田ファミリーの100年史

め、指定薬物に指定する業務も担う。指定で輸入、製造、販売、所持、使用などを禁止できる。20年11月時点で、2384件指定されている。

麻薬取締部が薬物乱用で検挙した人数は増加している。直近では年間799人になる。大麻の乱用が多く、捜査機関全体での大麻事犯の19年の検挙人数は4570人で6年連続の増加、過去最多だ。薬物押収量も覚醒剤は年間2トンを超えた。乾燥大麻やコカインの押収量も増加している。最近はインターネットを利用した大麻栽培用具の販売業者も逮捕されている。

厚労省は一部の厚生局に密輸対策を担う担当者を配置し、密輸対策課を新設した。21年度はさらに新設を進め、密輸捜査専門の取締官も増員する。

採用は国家公務員一般職試験合格者か、薬剤師資格のある者だ。薬物を扱うため薬剤師は薬系技官と合わせ活躍の場がある。薬剤師といえば医療機関や薬局、ドラッグストアで働くイメージが強いが、犯罪捜査にも加われる意外な資格である。

麻薬取締官は薬物乱用の事案が増え監視の目をますます広げる必要がある。労働基準監督官も「働き方改革」で長時間労働の監視や労災認定業務の負担が増えている。ニーズが高まっている人材である。

双方ともそれぞれ現場があり、そこで活動する仕事が中心のためか、キャリアパスは取締部や監督署の幹部になるコースが一般的だ。厚労省本省にいる事務官とはずいぶん違う世界で生きる専門職といえる。

第3章　政策はどう決まる

厚労省最大の鬼門、年金制度

厚労省には、今でも官僚の間で語り草になっている苦い体験がある。

2004年の公的年金制度改正は近年では大きな改正だった。年金制度は今働いている現役世代が賃金の中から払う保険料が、そのまま今年金を受けている高齢者に回る。いわば現役世代から高齢者への「仕送り」だ。

だが、少子高齢化の影響が年金制度にも及んでいる。保険料を払う現役世代や将来世代が減り、一方で年金を受け取る高齢者が増える。この社会変化に制度も対応させなければならない。それが当時の厚労官僚の問題意識であった。

保険料は率で決めている。賃金の13・58％を労使折半で払うことになっていたが、それを段階的に引き上げて17年に18・3％で固定して、それ以上の負担増はしない。その代わり高齢者が受け取る年金も少しずつ額の伸びを抑える仕組みを入れる。「マクロ経済スライド」という難しげな名称がつけられた。

国民年金と厚生年金の基礎年金部分は保険料財源だけでは支えきれず、税も入れられているが、3分の1だった国の負担を2分の1に引き上げた。

厚労省はこの改革で手いっぱいで、他の改革項目まで議論に着手できる余力がなくなっていた。ただ、パートなど非正規雇用者への厚生年金の適用拡大を今後の検討課題として表明したことが、思わぬハレーションを起こす。

会社員・従業員が加入する厚生年金は加入に要件がある。週の労働時間や賃金が一定の基準を超えないと加入できない。そのため、スーパーなどの小売り・流通業で働く主婦のパート従業員など短時間で働く非正規雇用の人は、その多くが加入できていなかった。

パート従業員を厚生年金に加入させる改革が「適用拡大策」である。加入できないと、会社員として職場の厚生年金に加入する夫の年金に上乗せされる妻の基礎年金分しか、将来は受け取れない（独身の場合は自身で加入する国民年金分）。満額でも月6万5000円ほどだ。厚生年金に入れば保険料の負担は出てくるが、年金額は上がる。パート従業員の厚生年金加入を促進することで、将来の低年金や無年金を防ぐのが、適用拡大策の狙いだった。

ところが、04年の制度改正の際、適用拡大を今後の検討課題にすると表明した後、霞が関の本省にトラックが３台横付けされた。スーパーを展開するある流通業者が、従業員の反対署名を山と積んできたのだ。職員らが署名の入った段ボールを地下倉庫に運んだ。保険料は労使が負担する。負担の増えるパート従業員と経営者が結束して反対を表明したのだった。これに厚労官僚たちはショックを受けた。結局、適用拡大策は進められているが、実現への歩みは遅い。

厚労省が所管する制度は年金、医療、介護、福祉、雇用、子育て支援など国民１人１人に直接影響を与える。ここが他省庁と違う。だからこそ厚労省を仕事の場に選ぶ官僚もいるのだが、制度づくりは気をつけないと「地雷」を踏むことになる。

最近、「地雷」を踏んでしまったのは金融庁だ。19年に金融審議会がまとめた報告書で、収入を年金のみに頼る場合、20～30年間の老後期間に約２０００万円の資金が必要になるとの試算を公表した。この必要額は平均額を出したに過ぎず、必要額は人によって違う。多くの場合、自身の収入に見合った額で生活を送っているので、国民全員にこの額が必要となるわけではない。

報告書は、自身での金融資産の運用を奨励することを狙ったものだったが、「誰でも必ず2000万円が必要」と受け取られ批判の炎が上がった。

年金は現金を、しかも高齢者全員に給付する極めて生活に直結するセンシティブな制度だ。厚労官僚には「地雷」を踏まぬよう細心の注意が求められている。

利害関係者が集まる審議会

政府の仕事は社会の問題を解決するため政策を考え、制度をつくり、財源を確保し、必要な法律を新設し既存の法律なら改正することである。さらに、一度つくった制度がうまく社会で動いているのか検証して改善していく。その間にさまざまな関門が待ち受ける。

法案づくりの手順をざっと説明する。法案は議員も提案できるが、多くは政府が提案する。これを閣法という。各省庁は有識者らで構成する審議会に意見を求め、それを受けて法案をつくり、与党の事前審査を経て内閣が閣議決定して国会に提出する。閣議決定は、各省庁も含めて政府全体で承認するという意味がある。法案提出に当たっては内閣法制局が、他の法律との整合性をチェックする。それぞれすんなり関門を通るわけではない。

法改正などは、それをいつの国会に出すか、まず目標を定める。多くは年明けに始まる通常国会だ。会期はおおむね6月までと1年の半分を占める。秋に開かれる臨時国会は年末までの会期が多いので2カ月ほどだ。提出する法案の審議が時間切れで廃案にならないよう、多くの場合、法案は通常国会への提出を目指す。

次に審議会へ諮問をする。審議会は厚労省設置法に規定がある厚労相の諮問機関だ。主なものに、年金、医療、介護、福祉関係などの法案について審議する厚生系の社会保障審議会、疾病予防や治療などの研究、再生医療など科学技術分野に関する厚生科学審議会、労働・雇用政策など労働系に関する労働政策審議会、医師、歯科医師、看護師など医療分野の人材に関する医道審議会、医薬品や医療機器などの安全性などに関する薬事・食品衛生審議会がある。

これらの審議会の下には、分野ごとに個別に議論する部会や分科会などと呼ばれる下部会議がぶら下がっている。だから審議会は親会議と呼ばれ、各部会や分科会で合意した意見は親会議に上げて了承を得て大臣に答申される。

さらにこれらの審議会以外にも、別の法律で定められている審議会がある。がん対策

推進協議会、肝炎対策推進協議会、アレルギー疾患対策推進協議会、循環器病対策推進協議会、医薬品等行政評価・監視委員会、中央最低賃金審議会、労働保険審査会、過労死等防止対策推進協議会、成育医療等協議会、旧優生保護法一時金認定審査会、アルコール健康障害対策関係者会議、中央社会保険医療協議会、社会保険審査会、ハンセン病元患者家族補償金認定審査会の14の審議会だ。

この中で国民にも関心があり注目されるのは、社会保障審議会の下部組織である年金部会、医療保険部会、介護保険部会、それに介護報酬の配分を議論する介護給付費分科会、そして診療報酬の配分を決める中央社会保険医療協議会（中医協）だろう。大きな制度改正があると傍聴する人が増える。その業界の関係者が固唾を呑んで議論の行方を見守るのだ。

審議会には政策の決定権はなく、大臣に聞かれた事項について意見を述べる。年明けの通常国会に法案提出をするのなら年末までに意見を聞き終え法案作成を行う。特に、予算案の審議は国会開会と同時に始まるので、予算が絡む法案なら国会開会時にできあがっている必要がある。そうでなければ後半国会でも間に合う。この日程から逆算すると遅くとも夏の終わりごろには審議会での審議をスタートさせたい。だから夏休みが終わり9月に入るころからさまざまな審議会が動き出す。
以下、厚労省の特徴的な審議会を紹介する。

一挙手一投足に関心が集まる年金部会

高齢期の生活を支える重要な収入は公的年金である。自営業者や職場の厚生年金に加入できない非正規雇用で働く人などが加入する国民年金、会社員が入る厚生年金のいずれかに誰しも加入することになっている。年金は、制度の変更が保険料の負担を増やしてしまったり、高齢者の給付額を減らしてしまったりすることがある。医療や介護制度のようにサービスという現物給付ではなく現金給付なので、誰でも額の増減や将来の給付への関心を持ちやすい。

それだけに厚労省は議題の設定の仕方、部会に提出するデータなどで「地雷」を踏まないよう細心の注意を払っている。

審議会の委員は現在20人、学者、経営者団体、労働組合、社会保険労務士、コンサルタントなどがメンバーだ。制度改正の議論は大きく報道されることもしばしばある。

年金部会は2019年に課題となっていた議論が終わり、以降はしばらく開かれていない。19年の議論は、パートやアルバイトなどの非正規雇用者に厚生年金に加入してもらうための適用拡大が議論された。これまでも少しずつ拡大されてきたが、この時は従業員数５００人超の企業が適用対象だった事業所規模の要件を22年には１００人超へ、24年には50人超へ拡大することがテーマだった。つまり中小企業で働く非正規雇用者の加入を増やそうとしているわけである。

反対署名をトラックに積んで厚労省に横付けされた苦い経験から15年が経っている。夫婦共働きが増える時代になり、当時のような社会の大きな反発はない。だが、部会ではいつも企業の保険料負担が増える経営者団体から慎重な意見が出される。今後もさらに適用の拡大が課題として残る。

ガチンコ議論の中医協

審議会は、あらかじめ厚労省が考える方向に意見がまとまるように委員の選定や議題の選び方、議論の範囲などを決められがちだ。その中で利害が対立する委員が本気で議論する審議会に中央社会保険医療協議会（中医協）がある。

この審議会では、診療報酬の配分を決める。診療報酬とは医療機関がさまざまな治療や医薬品、入院などの医療を提供した際に公的医療保険から受け取る報酬である。私たちが加入する勤務先の健康保険、自治体が運営する国民健康保険、75歳以上が加入する後期高齢者医療制度などの公的制度から支払われる。

中医協を紹介する前に、診療報酬制度について説明しよう。報酬は細かく公定価格として国が決めている。診療報酬の狙いは民間医療機関の間接的な国のコントロールだ。公立病院が多い欧州と違い日本は約7割が民間病院なのだが、これには歴史的経緯がある。各国で事情が違うが、ざっくり言うと欧州ではキリスト教会が慈善活動として医療活動を始めた。こうした社会活動がやがて医療機関として行政とつながっていったといわれる。一方、日本では明治期に軍や自治体が公立病院を整備したが、その後、政府の財政危機で廃止が進んだ。行き場がなくなった医学校を出た医師たちが医療機関を設立する動きが広がり、民間病院が増えた。現在の民間病院に中小規模が多いのは、こうした事情もある。

そこで登場するのが診療報酬制度だ。例えば、医療ニーズがあり増やしたい治療がある場合、厚労省はその治療の診療報酬上の価格を上げる。すると、その治療を提供する病院の収入は増えるので、結果として取り組む医療機関が増えるという仕組みだ。医療ニーズがあまりなく減らしたい治療は価格を下げることで医療供給を減らすことを狙う。つまり間接的にサービスの種類や提供量を増減させるという政策誘導を行う制度である。

当然だが民間病院は、どんな医療を提供するのか経営判断は自由だ。行政が介入できる余地は少ない。コロナ禍でも感染者を受け入れている民間病院が少ないことが問題になった。欧州は公立中心なので行政が介入し集中治療室（ＩＣＵ）などの整備が進んだ。日本では新型コロナ感染者の民間病院への受け入れがなかなか進まず、行政の民間病院への介入ができないとの課題が浮き彫りになった。ただ、民間病院側にも事情がある。診療報酬は感染症には十分に対応しておらず、感染者を受け入れると減収になってしまった。民間病院は中小規模が多く、必要な設備や人材を十分に整えられない。病院経営者が感染者の受け入れをしようとしても現場で対応する医療従事者が理解しないと離職されてしまう懸念もある。

今後は、民間の医療機関にどう感染症対策を担ってもらうか、政府の権限や診療報酬のあり方など法改正も含め政府や国会で議論が始まる。

話を中医協に戻す。

どんな医療に報酬をいくら払うのかを審議するのが中医協だ。委員には公益委員の学者らの他に、当事者が入る。つまり報酬を払う健康保険組合連合会などの支払い側と報酬を受け取る日本医師会、日本歯科医師会、日本薬剤師会、病院の団体などの診療側だ。新しい治療法や医薬品も中医協で公的保険の対象にするか議論する。

報酬を払う側と受け取る側である。もめないわけがない。診療報酬は原則、2年ごとに見直される。その時期を迎えると議論が白熱してくる。通常、審議会の開催時間は1回2～3時間だが、中医協は3時間で終わらず一日中議論が止まらない場合もある。

傍聴者数も審議会随一だ。医療界は医療機関だけでなく製薬や医療機器、医療材料など裾野が広い。報酬の増減は経営に響くため業界の関心が高い。一般の関心が高い年金部会と違い、こちらは業界が注目する。議題によっては厚労省では一番広い2階の講堂が会場になるが、傍聴席はぎっしり埋まることが少なくない。

診療側の急先鋒は日本医師会だろう。開業医主体の業界団体で政権との関係づくりもうまく、政治的なロビー活動に熱心だ。中医協でも報酬増に難色を示す支払い側と対立する。今はそこまで先鋭的ではないが、1961（昭和36）年には、自民党に報酬の単価引き上げなどを求め全国一斉の休診を実施した。この年は国民誰もがいずれかの医療保険に入る「国民皆保険」体制が達成され、それに合わせて日本医師会の会員もこの体制の中で医療活動を行うことになった。時代背景は現在とは違うし、一斉休診は1日だけだったが、今から振り返るとにわかには信じがたい。

汚職事件で権限縮小

1950（昭和25）年、厚生大臣の諮問機関として旧厚生省に中医協が、各地方厚生局に地方社会保険医療協議会が設置された。当時は、診療報酬の改定率と報酬の価格を議論していた。改定率とは1年間に国民が使う医療費総額を当年度より次年度以降は増やすか減らすかの率のことで、プラス改定は額を増やすことを意味する。現在では年間の医療費約40兆円を使う。単純計算でプラス1％だと約4000億円財源が増える。医療は大きな市場であり経済政策でもある。その増減は医療界には影響が大きい。

ところが、2004年に中医協委員らによる贈収賄事件が発生した影響で、その後、改定率は内閣が決めることになり中医協の権限は報酬の協議に縮小された。

贈収賄事件は中医協汚職事件などと言われ、通常の初診料より割高な「かかりつけ歯科医初診料」を受け取りやすくするため適用条件の緩和など歯科医師側に有利な発言をしてもらうため、日本歯科医師会幹部が支払い側の中医協委員に賄賂を贈ったとされた事件だ。

この反省から、改定率は内閣が決め、改定の基本的な方針は別の審議会である医療保険部会と医療部会が定めるように改善された。中医協は細かな個別の診療報酬の価格を審議する役割となった。

労使が対立する労働条件分科会

労働系の審議会である労働政策審議会の下には、さまざまな部会や分科会が設置されている。中でも労働条件を議論する労働条件分科会は、労使が対立する代表格である。労働条件の変更や新たな働き方の制度づくりなど労使の利益がぶつかる議題を扱うからだ。

労働時間や賃金の決め方、働き方などの条件は経営側にも労働側にも重要なテーマだ。なるべく賃金を抑え労働者を効率的に使いたい経営側と、長時間労働や賃金が下がるような働き方は阻止したい労働組合側が委員に入っている。当然、意見が対立する場合が多い。

先述の通り、労使間の問題は経営側、労働側、公益側の「三者構成」がルールで、経営側は経団連を始め企業の人事担当者、経営者らが、労働側は連合など各有力労組が委員だ。公益委員は労働法分野の専門家が入る。

最近では2019年4月に施行された「高度プロフェッショナル制度（高プロ）」が典型的な労使対立型制度だった。雇用されて働く人は労働基準法で週40時間、1日8時間と労働時間の上限が決められている。それを超えた残業は法律違反になるので、残業をさせるには経営者は労働組合との協定を結ぶ必要がある。一方、高プロは休日の確保や健康維持に留意しながら、この時間規制を外す制度だ。年収が高い職種なら経営側と労働条件について交渉力があるとの前提で、年収1075万円以上の人を対象にした。金融分野のトレーダーなど、自分で仕事の進め方を決められるような専門性の高い職種を対象に想定している。

高プロの導入を盛り込んだ労基法の改正案は15年4月に国会に提出された。この時は、いくら働かせても残業代を払う義務が生じないため「残業代ゼロ法案」と野党や連合が反発し、審議はされなかった。その後、分科会での議論は17年に行われた。ちょうど安倍政権は長時間労働の是正を掲げ「働き方改革」を進めており、その改革の一環として、再び法案成立を目指した。

この時、安倍政権は労組封じを考えた。「働き方改革」の目玉は、残業時間の上限規制だった。法定の労働時間の上限は決められているが、実は法定労働時間を超えて残業させた場合、その時間の上限規制は事実上なかった。労基法が施行されて70年が経つが、初めて規制が入る改革だった。

労働側からみれば望む法改正だが、政権はこれと高プロを一本化した法案として国会への提出を決めたのだ。労働側は法案に反対しにくくなった。分科会でも連合からは「なぜ一本化するのか理解できない。長時間労働を助長しかねない」と反発が出たが、経営側は一本化に賛成した。

議論は平行線のままだったが、「働き方改革」を議論し高プロ導入を決めた官邸の働き方改革実現会議に連合の神津里季生会長が参加していたことで強硬な反対はできないまま、分科会は法案提出を了承した。

それ以前では労働者派遣法の改正で派遣労働者を企業が使いやすくする法改正を求める経営側に対し、労働側は、正社員になれず派遣という働き方が固定されかねない、と対立したこともあった。

厚労省は労基法をはじめ雇用保険法、労働者災害補償保険法など働く人を守る法律を所管する。労働者保護を重視しつつ経営側との妥協を探るが、「働き方改革」は安倍政権からトップダウンで降りてきた法改正議論だった。アベノミクスを支えるため経営側に寄る政策を進めたい安倍政権下では、労働者保護に向く厚労省は「抵抗勢力」と見なされていた面がある。

崩壊した医薬品ネット販売検討会

審議会は賛否の意見があっても最終的に報告書などの形に収まる。厚労省が狙う結論に向けて議論が進むように委員の人選も行われる。だが、珍しく議論がまとまらず対立意見の応酬に終始し議長役の座長もさじを投げるという検討会があった。

それが、2013年に設置された「一般用医薬品のインターネット販売等の新たなルールに関する検討会」だった。当時、ネット販売会社ケンコーコムが起こした訴訟で最高裁が、市販薬のうちリスクの高い第1類と第2類のネット販売を一律禁止する厚労省令を違法と判断した。ネット販売が事実上、解禁されていたため、ルールづくりが求められた。それを話し合う場として検討会が設置された。

検討会には日本薬剤師会や日本医師会などネット販売は安全に販売できないと主張す

る慎重派の医療側と、安全に販売できると拡大を求める推進派のネット販売会社らが参加した。議論は慎重派と推進派が対立したまま終始した。11回開かれたが、「認める」「認めない」という口論でほとんどの時間が費やされた。

検討会には薬害被害者も参加していたが、薬のネット販売に必要な安全対策は何か、ネットではどう課題を解決できるのか、といった本来議論すべき本質的な議論は深まらなかった。見ていてあきれるしかなかった。

最終回の検討会では報告書のとりまとめをした。通常、審議会でのとりまとめは、既に議論を終え事務局を務める厚労省が文書化し、ほぼ完成した形で示される。せいぜい文書の表現など小さな修正要望が出るくらいだ。だが、この検討会では推進派から執拗に疑義や質問が出され収拾がつかなくなった。仕舞いには、報告書の文書修正を検討会終了後も夜中になってもいいからやるべきだと主張する委員もいた。

当時の座長、遠藤久夫・学習院大教授は中医協会長も務めたベテランなのだが、あまりの非協力的な態度に「これまで議論をしましたが、合意は進まない。私もいろいろな審議会の座長をしましたが、これほど歩み寄りのないのは私も初めてです。初めから、歩み寄るつもりがないのだなということは、つくづく感じております。これ以上やっても無駄だと思います」と半ばあきれながらたしなめた。

報告書は販売解禁について両論併記で終わり、事実上結論を先送りした。事務局の厚労省もさぞ困惑したのではないか。

もちろん審議会については省庁側のシナリオに沿って議論が進み、委員も厚労省に近い「御用学者」ばかりとの批判は絶えずある。そうした側面は否定できない。

ただ、中医協やこの医薬品のネット販売検討会のように、当事者が参加する審議会は業界や参加者自身の利害が絡むので、省庁の思惑通りにはいかない場合がある。中医協の担当職員の中には、議論が大詰めを迎えると怖くて駅のホームの端を歩けないと吐露する人もいる。一方、薬害被害者ら立場の弱い人は、審議会に参加することで直接、厚労省の政策に意見を言う機会を得られる。学者の中にも論文を書くだけでなく実際の制度に研究で得た知見を生かしたいと考え、委員を引き受ける人もいる。委員の立場や思惑も重層的なのだ。

意見が無視された生活保護基準部会

こんなことをするのか、と驚いた経験がある。厚労省が審議会の報告書をほぼ無視して政策を決めたのだ。

保護費の基準を検討する審議会に生活保護基準部会がある。２０１３年に部会がまとめた報告書では、一般の低所得世帯の消費の実態と比べた上で、保護費約90億円の減額を提示した。ところが厚労省はさらに減額幅を約５８０億円拡大した。厚労省は部会では検討されなかった物価動向を見る独自の指標を持ち出してきて、より物価が下がっているとの理由で減額を決めたのだ。部会の検証結果の利用できる部分だけをつまみ食いして、部会の考えを無視したのである。しかも厚労省の削減案では子どものいる世帯が減額になる。これに貧困問題を研究する学者や弁護士ら部会の委員たちは憤った。部会でも委員の厚労省への不信感が伝わってきた。保護費の適正化の議論はこの部会の重要な役割なだけに、議論を軽視されたことへの反発は強かった。

背景には安倍政権の圧力があった。自民党は12年の衆院選で「保護費の１割削減」を公約に掲げた。その直前にお笑い芸人の母親が生活保護を受けていたことが社会の批判を浴びていた。政権はそれを利用して削減を考えた。

つまり「削減ありき」の対応だったのだろう。厚労省も政府の一員である以上、政権の意向には従わざるを得ない。それでもこの減額改定は、福祉政策を担う省庁としての責任を放棄していたと言えるのではないだろうか。

生活保護を受ける人の困窮ぶりは深刻だ。中には、友人と喫茶店でお茶を飲む余裕がないケースもある。保護費を受給しても生活を切り詰めないと生活できないので、暖房や冷房の使用を控えることは当たり前だ。子どもにお金を回すため、自分の下着を買えないので直接ズボンを穿いている母親もいる。これでは憲法25条で定めた「健康で文化的な最低限度の生活」が実現されているとはいいがたい。保護費は自治体負担分も含め年間約4兆円が必要だ。不正受給は、当時で保護費全体の0・4％程度なのだが、生活保護受給者には「楽して暮らしている」との批判が絶えない。

お笑い芸人の母親が受給していたケースは不正受給ではない。お笑い芸人に稼ぎがあっても、母親が困窮していれば生活保護を受ける権利があるからだ。これを不正受給したかのようにテレビのワイドショーが放送したことで、生活保護受給者へのバッシングになった。かなり受給者を追い詰める結果になったことは残念でならない。

拡大している低所得層が、「自分は踏ん張っているのに」との思いから生活保護受給者に批判の矛先を向けている。しかし、失業や家族の死別、病に冒されるなど複数のマイナス要因が重なれば誰でも生活保護が必要になるかもしれないのだ。コロナ禍で生活保護受給者が増えるだろう。受給は国民の権利であることを知ってほしい。

「おおむね了承」は「了承」ではない

厚労省からある議題について意見を聞かれ議論した後、まとまった意見を答申するのが審議会の役割だ。だが、例えば法律の改正案への意見を諮問した際などに審議会の総意を「おおむね了承」されたと厚労省が判断する場合がある。

厚労省は、了承されたのだから方針通り法改正を進めるという口実にするのだが、この表現は必ずしも審議会の「了承」を意味しない。

2021年1月、感染症部会が感染症法の法律改正案を「おおむね了承」した。そして政府は新型コロナ対策を強化するため、入院を拒否した感染者に「懲役1年または罰金100万円以下」、保健所の疫学調査を拒んだ人に「罰金50万円以下」の刑事罰を科す改正案を示した。

入院を求めても拒否したり、入院させても治療の途中で逃げ出す人がいるからという理由からだが、その実態を表すデータを示さず、罰則が抑止となって感染拡大を防ぐのかも分からないままでの罰則導入だった。

しかも、前科となる刑事罰だ。感染症法は過去に、ハンセン病やエイズの患者や元患者らがいわれのない差別・偏見を受けるなどの人権侵害があったことから、人権の尊重に配慮する必要性を明記している。その理念にも反する。

改正案に対しては「刑事罰は前科にもなる重い刑罰。そういうもので感染症のまん延防止の実効性を担保できるのか」「過剰に制限していないか、見直すべきだ」「罰則をつくることが検査を引き留める可能性がある」「弱い立場の方にさらに罰則規定というのはどうか」といった反対や懸念の声が上がった。

この部会の議論は1月28日の参議院予算委員会でも問題となった。共産党の小池晃議員が「出席した18名の委員のうち、罰則に賛成しているのは3名だけ。慎重な意見が3名、そして8名が反対あるいは懸念を表明している。多数の反対意見を踏みにじって法案を出してきた」と菅首相にただした。

「おおむね了承」とは全員了承ではなく、反対意見もあったという意味になる。しかも委員の半数以上が改正案に疑義を示していた。本来なら「おおむね反対」となるのではないか。

もちろん審議会は何かを決める場でないし、全員一致ではない場合もある。厚労省としては意見を聞きましたという姿勢だ。しかし、専門家の多くが疑問を挟んでいる結果なのに「おおむね了承」されたとなるのだから、審議会の意見答申は注意して見る必要がある。

改正案は国会に提出されたが、自民党と立憲民主党の協議で罰則は刑事罰から行政罰へ修正されることになった。コロナ禍で行動自粛が求められていた中、自民、公明両党の幹部が銀座の高級クラブに深夜訪れていた不祥事も明らかになる中で、政府・与党も強行突破できなくなったのだった。

最大の関門は与党手続き

厚労省が法案をつくり国会に提出するには、与党である自民、公明両党の了承を得なければならない。事前審査は法的な規定があるわけではないが、与党の了解を得ないと国会審議がすんなり進まないからだ。

新しい法律をつくる場合や既存の法改正をする場合、官僚は自民党の厚生労働部会の部会長をはじめ関係議員を回り、法案の内容を説明して了承を得なければならない。法案の内容が国民負担を求めるような保険料の引き上げや給付のカットなどだと、そう簡単ではない。例えば、高齢者向け医療費の負担増案だったりすると高齢の有権者は反発する。それは選挙でマイナス材料となるので議員は納得しない。省に持ち帰り修正を余儀なくされる。政治家は選挙をいつも念頭に置いて判断する。高齢者の方が若者より投票率が高いので、どうしても高齢者の世論を気にして高齢者寄りの政策判断をしがちだ。「シルバー民主主義」である。

例えば、2016年、厚労省は公的医療保険の「高額療養費制度」の改正を考えた。受診した際、現役世代はかかった医療費の3割を窓口で払う。ただ、それではあまりに高額な治療を受けた場合、3割でもかなりの費用負担になる。そこで、月に払う上限額を決め、それ以上の費用は国から支払って負担を減らす制度だ。

この上限額を70歳以上は現役世代より低く設定する優遇措置が取られていた。これをもう少し現役並みの負担に近づける案だった。厚労省は増える医療費の削減を狙ったが、高齢者負担が増える案だ。案の定、与党は反発した。「選挙があるかもしれないのに引き上げは無理」というわけだ。制度改正は17年の夏を予定しており、実際に秋に衆院選が実施されている。

この時は、75歳以上の保険料について、年収の低い人に実施している軽減措置の段階的廃止も盛り込んでいた。廃止は少しずつ実施されるので一見、高齢者の負担増になることは分かりにくい。「ここは与党にスルーされるかと思っていたが、少し甘かった」と当時の幹部は苦笑いしたが、政治家は見逃さなかった。選挙前の負担増は絶対に避けたい。与党は選挙前に負担増・給付減となる制度改正に敏感に反応する。日本医師会などの業界団体の陳情を受け、関係業界の利益を代弁しようとする、いわゆる「族議員」も動く。

こうした与党と厚労省との折衝で修正案ができると自民党本部で部会にかけられる。部会長が議事進行をするが、自民党の場合、特徴的な光景がある。もちろん参加する議員は自由に発言できるのだが、しばしば大声で法案への批判や持論をぶつける議員がいる。自民党本部では部会が開かれている部屋の外の廊下によく記者が待機して中の様子をうかがっている。その取材陣に聞こえるように大声で話すのだ。つまり議員自身の支持者に向かって、政治活動のアピールをするというわけである。

事前審査が終われば事実上、与党が法案審議を終えた状態だ。国会審議を効率化する面はあるが、国会では野党が反対するだけの議論になりがちだ。本来なら、限られた政党だけで水面下で決めてしまうより、公開の国会の場で与野党の建設的な議論をするべきだろう。

重要な法案や首相肝いりの政策だと官僚は官邸にも説明に行く。時には大臣が足を運び首相の政治判断をあおぐ場合もあるので、メディアは担当する大臣が官邸に行くと何の用件なのか確認作業に追われることになる。

財布のひもが堅い財務省

毎年行われる予算編成では国家の財布のひもを握る財務省も関門となる。財務省は財政再建を重視している。当然、削れる予算は削りたい。国家予算の3分の1を占める「金食い虫」の厚労省は最大のターゲットになる。

予算規模だけでなく、政策の守備範囲も広いため、厚労省の予算を査定する財務省主計局の主計官は、1人が多い他省庁担当と違い2人いる。医療・介護担当の第1担当と年金・労働担当の第2担当である。特に、費用が増え続ける分野は高齢化の影響を受ける医療・介護だ。財務省にとれば第1担当の役割が大きくなる。

予算折衝の前哨戦は、財務省の審議会である財政制度等審議会（財政審）が各省庁の課題を上げ、財政運営や予算編成のあり方について提言する意見書を出すところから始まる。例年、年2回取りまとめられる。6月ごろの意見書は政府の経済財政運営の指針「骨太の方針」や予算の概算要求基準へ反映させたい項目が並ぶ。11月ごろの意見書は、予算編成が大詰めの中、予算査定の具体的な指針を示す。

高齢化で厚労省予算は膨らむ一方だから、当然、財政審では削減項目が並ぶことになる。折衝の中で厚労省が受け入れる項目もあるが、調整がつかず積み残される課題もある。

2021年度予算編成については、コロナ禍を受けた財政支援は、コロナ後を見据えて生産性向上に取り組む事業者らへの支援重視を提言した。厚労省分野では75歳以上の医療費の窓口負担を原則1割から2割へ引き上げる課題を取り上げ、対象の可能な限りの拡大を求めた。

医療費の窓口負担問題は厚労省としては影響を最小限にしたい。財務省は対象を広げて財政負担を小さくしたい。舵取りを間違えると政権に批判の矛先が向きかねないだけに、最後は菅首相の判断で、単身世帯で年収200万円以上、新たに約370万人が負担増の対象となることが決まった。国民負担につながるため政治家も敏感だ。しばしば、予算案も首相が裁定する場面がある。

主計官は財政審の意見書も踏まえつつ査定する。年末の予算編成まで両省は激しい折衝にあたる。厚労省予算では18年度までは高齢化による「自然増」を毎年5000億円程度に抑える目標を掲げていた。逆に言うと5000億円までは予算額は増額が許されたが、19年度以降はこの目標がなくなったため財務省はさらに削減を求めており、厚労省は厳しい折衝に臨むことになる。

予算折衝は夏の概算要求でまず枠とメニューを決め、両省が年末に向かって具体的に詰めていく。ただ、21年度予算は、新型コロナ対策への費用が見通せなかったため、概算要求とは別にして予算とメニューを同時並行で決めた。通常は、夏に概算要求が決まると厚労省で担当する会計課は一息つけるのだが、この時は年末まで例年より気が抜けない折衝が続いた。

主計官は財務省では出世コースだ。その後、幹部になっていくが、予算額の大きい厚労担当で実績を上げると高い人事評価が得られる。厚労担当の主計官は厚労省への出向経験を持つケースが多い。社会保障制度に通じ、族議員や日本医師会など関係団体とも交渉する能力が求められるからだ。厚労省にとって出向する財務官僚を受け入れることは、各制度を知ってもらう機会にもなるが、手の内を明かすことにもなる。

答弁に追われる国会審議

官僚にとって国会開会中は気が抜けない期間だ。通常国会と臨時国会合わせて１年の３分の２ぐらいは国会が開いている。事前に国会議員から質問内容を聞き取る「問取り」をし、夜中から答弁当日の朝にかけて答弁を作成、担当者が大臣らに想定問答用のレクをする、という一連の作業をやり続ける事情は第２章で紹介した。

これにさらに業務が加わる。内閣は毎週火曜日と金曜日に定例の閣議を開く。たいがいは閣議終了後に各閣僚はそれぞれ閣議後会見を開く。国会がない期間なら各省庁の都合に合わせて各省庁で開かれるが、国会開会中は審議が始まる午前９時までに行われる。だいたい午前８時台に国会内の廊下や食堂を会場に開かれる。審議への遅刻は許されない。遅刻すると国会側から問題視される。国会は憲法の規定で「国権の最高機関であって、国の唯一の立法機関である」とされている。遅刻は国会を軽視しているということになるからだ。出席する委員会室などへの移動時間も計算して職員らが会見を設定する。開会まで時間がないと記者の質問１つだけ、終わるやいなや大臣と職員が廊下を走って議場へ向かう姿も見かける。

審議中に大臣の後ろに官僚らが居並ぶ姿はテレビでの国会中継でも見かける。大臣や副大臣、政務官らの答弁を補佐する。予算委員会や衆参の厚生労働委員会での審議は、質問する議員と細かいやりとりをする。事前に把握していた質問以外にも話が及ぶので、官僚が助け船を出すのだ。

ここで答弁につかえたり、事実と違ったり、あるいは以前の答弁と違うことを言うと野党が突っ込んでくる。紛糾すると議会運営が止まる。社会保障分野は国民の関心が高く議会での与野党対立は報道もされるので、野党は政権批判につながる材料をいつも探している。それだけに厚労省としては答弁のつまずきは避けたい。

政治に翻弄される年金制度改革

国民、特に高齢者の生活に大きく影響する年金制度は政治問題になりやすい。政府も与野党もいつも制度改革に最大の関心を払っている。年金関連の法律は毎年のように改正されるが、大きな改正だと政治側も黙ってはいない。それが選挙前だったりするとなおさらである。

前に触れたが、2004年の制度改正の核心は「マクロ経済スライド」と呼ばれる給付抑制の仕組み導入だった。現役世代が減り高齢者が増える少子高齢化社会が目前に迫っていた。現役世代の保険料上限を決める代わりに、高齢者の年金給付を少し抑える制度改革だった。

当時の小泉純一郎首相は国会で「今国会で成立させていただきたい」と決意を表明したが、野党の民主党は「抜本改革にほど遠い」と廃案に追い込む勢いだった。

衆院本会議の採決では、民主党は政府案には反対、自民、公明の与党との修正案には賛成した。ところが小沢一郎代表代行、藤井裕久議員らが本会議を欠席する事態になった。

この法案を巡っては、閣僚らの国民年金の保険料未納・未加入問題が発覚、福田康夫官房長官や菅直人民主党代表の辞任劇（菅氏の件は後に行政ミスが判明）へ発展するなど大騒動になった。

続いて行われた参院での審議では、委員会での野党の質疑を残したまま、与党が強行採決をした。当然、野党は反発し混乱した。法案は参院で成立したが、年金の抑制案だった上、国会議員の保険料未納・未加入問題もあり、国民の年金不信を高めてしまった。

もう1つ、年金問題で政府・与党の意向で制度改正できなかった例を挙げたい。

公的年金制度は、その時働く現役世代が払う保険料が、その時給付を受ける高齢者に年金として払われる。だから、現役世代の賃金や物価が下がれば年金額も下げるルールがある。特に、物価の上下に合わせて年金額も上下させるルールを「物価スライド」と言う。物価が下がれば年金の必要額も下がるという理由からだ。

ところが、2000年から02年にかけて物価が下落したのに特例法で年金額を据え置いた。それ以降、本来の年金額の水準より高い水準で支給が続いた。13年時点で本来の給付水準を2・5%上回っていたのだ。厚労省の試算だと、2000年度から12年度までの累計で本来の水準より約8兆円多く年金が支払われた。高齢者は年金の減額には敏感だ。最大の収入源が年金だという高齢者は多い。高齢者の反発を恐れた自民、公明両党が水準の据え置きを決めたのだ。

しかし、これだと問題が生じる。本来のルールより多く年金を給付することで、将来の年金受給者となる現役世代の年金確保が難しくなりかねない事態になった。将来世代に回す財源の一部をこの時の高齢者に回してしまったためだ。

結局、民主党政権がこの問題の解消を決め、13年度からの3年間で段階的に水準の引き下げを行った。

さらに、国会や国会議員ではなく厚労相が関係した混乱がある。2011年の民主党政権下、「主婦の年金問題」が発覚した。会社員や公務員の夫に扶養されている妻は、保険料を払わなくても将来、厚生年金を受け取れる。夫が妻の分の保険料も払っていると制度上は解釈されているからだ。この場合の妻を制度上は「第三号被保険者」という。夫が会社をやめると妻は届けを出し、国民年金に加入し保険料を払わなくてはならない。だが、そんな手続きが必要なことを知らない人が少なからずいて、届け出をせず三号のままにしている人が100万人余に上ると推計された。

問題はここからだ。届け出をしないままだと保険料未納となり、将来受け取る年金が減額される。最悪の場合は無年金にもなりかねない。救済策が求められた。

厚労省は、該当する人たちに直近2年分の保険料は払ってもらうが、それ以前でも夫が会社をやめて三号に該当しない期間も三号と扱う救済策を決めた。こうすれば保険料を払っていなくとも、変わらぬ年金額を受け取れる。なんとか制度運用で救済しようとした。これは「運用三号」問題と呼ばれる。

ところが、ここで不公平が生じた。夫が会社をやめた妻の中には、届け出をして決められた保険料を払ってきた人がいた。年金を受給している世代では、届け出をせず保険料を払ってこなかったことで未納扱いが決まり、既に受け取る年金額が減った人もいた。

つまり、届け出をせず保険料負担もしてこなかった人が、届け出をして保険料を払った人や、未納期間を受け入れて減額された年金を受け取っている人より優遇される結果となった。この問題が明るみに出ると、批判がわき起こった。当時野党だった自民党も政府・民主党の攻撃材料に使った。

救済策は問題発覚の直前まで厚労相を務めた長妻昭氏が「政治主導」した。「運用三号」問題では救済策を優先させるため、法改正ではなく「課長通知」という厚労省の判断でできる対応で乗り切ろうとした。長妻氏は07年には誰のものか分からない年金記録が約5000万件あると政府を追及した「宙に浮いた年金記録」問題で名をはせたが、同じ年金問題で自民党と攻守が逆転した。

ただ、問題発覚後、東日本大震災が発生したことで野党・自民党は矛を収めざるを得なくなった。

年金、医療、介護の各制度は社会保険方式で運営されている。保険料を払う義務を果たすことで年金や医療・介護のサービス給付を受けられる権利を得る。その原則に反する救済策だった。

最後は政治決着

中医協の項で説明したが、医療機関に公的保険制度から支払われる診療報酬は原則2年ごとに見直される。その際、1年間に国民が使う医療費を増やすのか減らすのか、その率を改定率という。2017年度の国民医療費は約43兆円だった。改定率がプラス1%とすると、約4300億円が上乗せされる。43兆円は私たちが払う保険料が約半分、国が約25%、地方が約13%、患者負担が約12%の割合で負担している。

国の負担分は約25%なので43兆円のうち11兆円弱となる。これだけで防衛費の2倍の財源規模だ。改定率プラス1%の約4300億円でみると国の負担は約1075億円になる。わずかな改定率の変動も財政と報酬を受ける医療界に大きく影響するのが診療報酬の改定である。

だから、改定率を引き上げるのか、引き下げるのか、その幅はどれくらいか、これが政治問題になる。だが、必ずしも国民に適切な医療を提供するための視点だけで改定率が決まるわけではない。

巨額となる支出を財務省はなるべく抑えたい。医療を充実させたい厚労省や取り分を増やしたい日本医師会などの業界団体との綱引きが行われる。与党の意向も無視できない。予算措置が絡むので毎回、年末の予算編成過程で綱引きが繰り広げられるのだが、内閣が決めることになっているので最後は財務相と厚労相が折衝して決める。

改定率が決着すると厚労省の審議会が策定した「基本方針」に従い、中医協が報酬の内容を議論することは先に紹介した。

マイナス改定を目指す財務省とプラス改定を勝ち取りたい厚労省の折衝は不思議な理屈で改定率の数字が決まることがある。12年度の改定率は、小宮山洋子厚労相と安住淳財務相が折衝しプラス0・004％と決まり、わずかに引き上げられた。

厚労省はプラスを勝ち取ったと医療界に向かって言える。医師の給料増額に難色を示した財務省に対し、厚労省の理屈は産科、小児科、救急、外科など医師が集まりにくい診療科の支援を増額が必要な理由にしていた。小宮山大臣は「首の皮一枚、髪の毛一本でもつながった」と話した。難産の末、微増ながらプラス改定したと手柄をアピールしたのだ。

一方、財務省から見ると小数点以下二桁より下は四捨五入するという。つまり0・004％は0・00％、プラス改定ではなく据え置きととらえるというのだ。財務省も負けなかったという理屈になる。お互いに面子をつぶさない政治決着だった。

実は似たようなことが介護分野の介護報酬の改定でもある。介護報酬も診療報酬と同様の折衝を行う。原則３年ごとに見直されるが、15年度の改定率はマイナス２・27％で決着した。９年ぶりのマイナス改定となり厚労省としては負け戦になった。だが、最悪の負け方はしなかった。

マイナス改定となれば使える総額も減る。各サービスの価格も下げることになるので利用者の利用料や保険料の負担は軽くなる。そのため、事業者にとっては収入減になる。介護業界や政治家らが抵抗した。過去にマイナス改定はあるが、最も大きかったマイナス改定は03年度のマイナス２・３％。厚労省も介護業界もこの時を上回るマイナスは回避したい。

麻生太郎財務相と塩崎恭久厚労相が折衝し、最後は「首相裁定」で過去最大の手前２・27％に踏みとどまったというわけである。

こうした折衝の影響は介護保険の利用者の利用料、40歳以上が払う保険料に影響する。身近な介護保険の費用がこんな政治決着で決まっている。

熱気があった介護保険制度づくり

官僚の主な仕事は制度をつくり、それに必要な法律を考え、既存の法律を改正する作業だ。多くが改正作業だが、全く新しい制度を最初からつくった代表例を紹介する。先にふれた介護保険制度だ。

高齢化に備えニーズが高まる介護ケアを提供する仕組みをどうつくるのか、1990年代には課題として認識されていた。当時、介護が必要な高齢者の受け皿がなく、医療機関が受け入れていた。高度な医療は必要ないが、家族が支えきれず自宅に居場所がない。そんな高齢者が増えていた。医療機関に長期入院する「老人病院」での社会的入院が問題化していた。病院では寝たきりにさせていることも問題視された。

子どもたちは保育所で預かる制度があり、子育ては社会化されていた。介護保険制度は高齢者ケアも家族から外部の事業者に委ねる介護の社会化をするものだった。それに医療が引き受けていた高齢者のケアを介護が担うことで、増えていた高齢者の医療費削減も狙った。

当時、省内でも優秀な人材が集められた。中心メンバーを担った官僚はその後、省内の主要なポジションの幹部になっている。

制度づくりの議論は94年に本格化した。厚生省（当時）は対策本部を立ち上げた。その直後、細川護熙首相が退陣表明をした。唐突に「国民福祉税構想」をぶち上げたはいいが、税率の根拠があいまいで使途も福祉分野に限られていないなど生煮えの政策に批判が集中し、政権維持ができなくなったのだ。制度議論は混乱の中での船出になった。

通常、法改正なら社会ニーズと合わなくなった部分や制度に不備が見つかった部分のみの政策立案で済むが、新品の制度をつくるとなると検討項目は多岐にわたった。費用のやりくりを社会保険にするのか税にするのか、誰がどれくらい費用を負担するのか。サービスの内容は、誰がサービス提供を担うのか、どんな状態の高齢者にどれくらいのサービスを提供するのか、制度の運用は誰にするのか、などだ。

その間、制度運用の当事者となる自治体や、関係団体の労働組合、日本医師会、福祉分野の団体などとの協議も並行して進められた。

政治側も各党にもさまざまな意見があり、修正案を出してきた。国会審議は96年から97年にかけて3つの会期にまたがった。介護保険法の成立は、対策本部を設置してから3年8カ月後のことだった。

法律成立後、3年の準備期間を経て2000年4月に制度はスタートした。制度は3

年後の見直しが決まっており、3年走らせてみて不具合を改善した。そこまでで制度づくりが動き出してから10年近くが経っていた。
長丁場で膨大な議論の量と交渉相手の多さを知ると当時の担当官僚らの熱気が伝わってくる。当時、課長補佐ぐらいで制度づくりの現場を担った官僚は退官している年代になったが、今でも省内で名前を知られている。スタート時に介護保険から給付された費用は3・6兆円だったが、現在は10兆円にも達している。高齢化が進むとともに制度も大きくなっている。
今は、財源不足、人材不足の2つの不足に直面し、介護保険サービスだけでは対応が難しい認知症のケアをどうするのか、20年が経ち複雑化して利用者から分かりにくくなった制度の整理が課題となっており、絶えず制度改革が必要になっている。

小回りが利く「事務連絡」

省庁は公務を進める際、法令に則って政策を進める。法治国家だから当然だ。法令の最上位はもちろん憲法、次に法律だ。憲法改正は手続きが厳格に定められている。法律の新設や改正には国会での審議が要る。その下に政令、省令・施行規則があり、さらにその下に通知、事務連絡がある。政令、省令は制度を動かす際のルールなどを定めている。通知は法令の運用上の細部の考え方や方針などを示す。事務連絡は運用上の説明や周知したい事柄などさらに細かい内容を具体的に自治体などに示すものだ。通知や事務連絡に法的拘束力はないが、通知は実質的には法令に近い扱われ方をする。

通知や事務連絡は省庁の裁量で出せるので、厚労省も各部局がさまざまなものを出している。特に、緊急時には法改正をやっている余裕はないので、通知や事務連絡を活用する。法律で規定されている制度を勝手に変えられないが、運用で対応できる部分は通知や事務連絡で自治体に示す。

例えば、2020年のコロナ禍ではデイサービスなど通所介護施設の利用者の間で、感染への心配から利用控えが起こった。通所介護施設は利用しに来てくれる高齢者が減れば、収入である介護報酬が減ってしまう。それが長引けば、介護事業者の死活問題になる。そこで厚労省は、利用者の自宅を訪問してのサービス提供や、電話による利用者の安否確認にも報酬を算定できるとした事務連絡を出した。

感染状況や介護事業者の状況に応じて、運用変更を事務連絡などの形で次々と出した。ただ、その多さに介護現場からは悲鳴が上がった。ただでさえ人手不足の中で感染防止対策を実行しながらサービスを提供しているのだ。「とても事務連絡すべてを把握できない」というわけだ。

11年の東日本大震災の発生時にも大量の通知や事務連絡が各部局から出た。必要な情報を分かりやすくコンパクトに提供することが役所は苦手だ。変化する状況に制度運用を迅速に合わせるためとはいえ、混乱する現場にはなかなか伝わらない。地震による被災と違い、コロナ禍は全国に及ぶ。現場を支援するための情報提供のあり方はどうすればいいか、課題が残った。

第4章　史上最長政権と厚労省

次々と変わった看板政策

第1次政権を含め8年9カ月にも及ぶ長期政権となった安倍晋三政権の特徴は「官邸主導」「政治主導」だろう。各省庁の政策を官邸がグリップし、政策を実現していく。長らく官僚支配が続いたといわれた反省から政が官をコントロールする必要性が叫ばれた。安倍政権はその1つの帰結であるとはいえる。憲政史上最も長い政権が、厚労行政といかに深くかかわっていたか、振り返っておこう。

社会の問題を解決するには迅速さが求められるし、思い切った政治判断が必要な時はある。法令に則って動き、対応に時間がかかる官僚では解決策が見いだせない場合もある。

一方で、「安倍一強」の官邸主導は、政権と官僚との関係が変化し弊害が出た面があることも事実だ。厚労省も例外ではない。その功罪を見ていきたい。

「女性活躍」「地方創生」「一億総活躍社会」「働き方改革」「人づくり革命」。――どんな政策だったか思い出せる人はどれくらいいるだろうか。

安倍政権は毎年のように看板政策を打ち出してきた。「女性活躍」は女性の社会進出を進めるもので、ちょうど人口減が進み消滅する自治体が出てくるとの推計が公表され社会に衝撃を与えた時に生まれたのが「地方創生」だ。労働力が減少する少子高齢化社会では、誰もが活躍できる社会づくりが必要だとして「一億総活躍社会」を打ち出した発想も理解できる。長時間労働や雇用の硬直化が過労死を増やし出生率低下に歯止めをかけられない。この打開のための「働き方改革」は重要な施策ではある。人生100年時代となり、社会の支え手である人材を育てるための投資環境を整備するために「人づくり革命」を進める意義も理解できる。

どれも政策の方向は間違っていない。だが、毎年のように政策を打ち出すばかりで、その効果がよく見えなかったのも事実だ。法律が整備され、動いている制度はあるが、その後の進捗の管理や政策の修正作業などが十分に行われているとは言えない。

安倍政権の看板政策のほとんどは厚労省の政策と重なる。こういった看板政策の立案には、厚労省から官邸に出向した官僚も関わっていた。だが、政策決定はあくまで官邸官僚と呼ばれる官僚が担った。安倍政権では経済産業省出身の官僚が仕切っていた。代表格はこれらの政策の責任者を務めた新原浩朗氏だった。ほとんどの看板政策の立案を担い、安倍首相からも信任が厚かったといわれる。

経産省は戦後の産業振興、経済発展に貢献したが、経済が成熟した今、省の存在意義は薄らいでいる。活路を見いだすために他省庁の政策にも首を突っ込んでくる。厚労省の政策も例外ではない。官邸では、増税を主張する財務省は安倍首相には嫌われて影響力が低下していたといわれ、経産官僚がそれに代わって官邸でも勢力を広げた形だ。

その官邸主導の政策が混乱を起こした例がある。

「3年子ども抱っこし放題」への批判

2013年、安倍首相は育児休業の取得を1年半から最長3年に延長する政策を突然、打ち出した。「女性活躍」の目玉政策として「3年間、子どもを抱っこし放題してもらいたい」と胸を張った。母親が子どもと過ごす時間を増やし、子育て層の支持を拡大する狙いだった。

だが、大事な視点に欠けた。働く女性には、3年も仕事を休めば復帰時の不安がある。

長期間の休業は自身のキャリア形成にも影響する。育休3年延長は、女性が育休を取得することを前提とした発想だった。満足に育休取得ができず出産を機に退職してしまうことが問題となっていた中で、取得期間の延長より、必要な人が育休を取得できる政策が求められていた。共働き世帯が増え、男性の育休取得を進める政策も必要だった。そして何より、安倍首相発言の背景には「女性は家で子育てをしていればいい」という男女役割分担意識が見えた。この政策は結果的に、働く女性からの批判を呼んだ。

慌てたのが厚労省だ。仕事と出産・子育ての両立や、男性の育休取得の促進、女性も積極的に社会で活躍できるよう国民の意識を変えるような政策を進めていたからだ。取り組む政策について違う手法を唐突にトップダウンで求められ、しかも批判が巻き起こったことで火消しに走らざるを得なくなった。

その年にまとめられた成長戦略は「女性の活躍推進」を重要政策に位置づけていたが、「3年育休推進」について厚労省は「子どもが3歳になるまでは、希望する男女が育児休業や短時間勤務を選択しやすいよう、職場環境の整備を働きかける」と修正させた。対象を「男女」として、短時間勤務も含め希望する人が選べるように選択肢を広げる、との表現に押し戻したのである。

「介護離職ゼロ」をめぐる混乱

「仕事と介護の両立は大きな課題だ。『介護離職ゼロ』を目指して、介護施設の整備や人材育成を進め、在宅介護の負担を軽減する。生涯現役社会の構築を目指す」

2015年9月、自民党総裁選で無投票再選を果たした安倍首相が会見で表明した政策だった。これを聞いた時「厚労省は政策を転換したのか」と筆者は思った。

前年に安倍首相は「三本の矢」と称し「大胆な金融政策」「機動的な財政政策」「民間投資を喚起する成長戦略」を打ち上げていた。「介護離職ゼロ」は、その次に表明した新三本の矢である「希望を生み出す強い経済」「夢をつむぐ子育て支援」「安心につながる社会保障」のうち、社会保障の政策として掲げた。家族の介護のために離職せざるを得ない人が年間10万人に上っていた。働き手確保のために介護と仕事の両立を実現することはアベノミクスでも重要な柱だった。

なぜ政策転換したと思ったのかというと、介護は2000年に介護保険制度がスタートして、確かに特別養護老人ホームなどの施設整備は進められてきた。だが、厚労省には介護費用抑制を狙い「施設から在宅へ」との方針があった。施設整備は土地の確保が簡単ではなかったし、在宅介護の方が介護費用を抑えられるとみられていた。なにより高齢者本人はなるべく自宅で過ごしたいと考える人が多かったからだ。

厚労省は、中学校区程度の地域で訪問診療や訪問介護サービスが提供でき、自宅でなるべく長く自分のライフスタイルに合わせて暮らせる「地域包括ケアシステム」を提唱してもいた。

厚労省も安倍首相の表明は介護施設整備を進め、在宅から施設介護へ回帰させる政策転換だと誤解されると受け止めた。政策も介護現場も既に在宅介護を充実させる方向に動いている。はしごを外されたとの批判が起きかねなかった。

施設を増やすと国が出す介護費用も増えるが、利用者の負担も増えることになる。不可欠な介護人材育成の具体策もはっきりしなかった。経済政策を重視する官邸は厚労省を蚊帳の外に置いたようだ。本来なら政策を担当する厚労省に根回ししているはずだが、それがなかった。結局、この政策の真意は、施設整備も含む受け皿の拡充であり、従来の厚労省の方針と齟齬はないという苦しい弁明になった。

泥縄の対応になった「幼児教育・保育無償化」

安倍首相が衆院解散・総選挙を表明した2017年の会見で、消費税の税率を19年10月に10％に引き上げる際、税収の使途を見直し「人づくり革命」政策として幼児教育・保育の無償化を実現すると打ち出した。幼児教育の無償化はそれまでも自民党が主張してきたが、保育所も無償化の対象とし、消費税の税収を充てるという財源を明言した点が新しかった。

後の章で述べるが、消費税については税率引き上げとそれで得られる税収を社会保障分野に使うことは旧民主、自民、公明の三党合意で決まっていた。一部分をその充実に、残りを国債（借金）で賄っている部分の返済に充てることになっていた。

安倍政権は増税だけにスポットライトが当たることを嫌った。だから、借金返済分を国民に分かりやすい幼児教育・保育の無償化という施策に充てるため使途変更を言い出した。返済分から1兆7000億円を充てることになった。

使途の変更は三党合意にはなかったことだ。消費税収は少子化対策にも使うことになっており、使途も基本的には三党合意で決めてあった。無償化策には高等教育（大学など）も対象に含まれていたが、子育て支援策かどうかにも疑問があった。20年度までに3～5歳の全ての子どもについて、保育所の0～2歳児も低所得世帯を対象に無償化を表明したが、具体的な制度設計が決まっているわけではなかった。

保育所整備や運営支援などは厚労省と内閣府、幼稚園は文部科学省が所管だ。厚労省のある幹部は「総理会見の解読作業から始めた」と言う。議論を担当する省庁が積み上げたのではなく、寝耳に水の表明だったことがこの言葉からも分かる。

無償化の制度化は迷走した。当初、保育所は国の基準を満たした認可施設を対象とし無認可施設は除外した。しかし、子どもを預ける家庭から見れば、認可施設の定員に空きがなくやむなく無認可を利用する人も少なくない。それに無認可の方が一般的に費用は高い。0～2歳児は低所得者対象に限定されたが、これでは無償化とは言えない。保育所は利用者の収入により利用料が異なる。無償化は高い保育料を負担している一定の所得層により大きな恩恵が及ぶことへの批判や、財源があるなら保育士らの待遇改善に回すべきだといった声が上がった。朝鮮学校などの外国人学校の無償化除外も課題として残った。

消費税は子育て支援を含む社会保障分野に使うことになっているが、その充実に充てる財源は一部で、かなりの部分を借金返済に回している。国民には増税の痛みばかりで社会保障の充実を実感しにくいことは事実だ。増税に見合う社会保障の充実を実感してもらうことはとても重要な視点である。

だが、どの課題を解決するためにどんな対策を打つのか、それは想定通り社会で機能するのかといった議論は抜け落ちていた。総選挙での支持獲得を目的としたトップダウンの政治主導は泥縄式の対応を生んだだけだった。

官邸主導が奏功した「働き方改革」

厚労省に任せていてはすぐに進まなかった制度改正が、官邸主導で比較的うまくいった例がある。

2016年に安倍首相は「働き方改革実現会議」を設置した。加藤勝信一億総活躍担当相に担当大臣を兼務させるほどの力の入れようだった。労働生産性の向上や柔軟な働き方の環境整備、多様な人材の活躍などを議論のテーマに掲げた。

同時に、前出の通り、広告大手の電通の新入社員だった高橋まつりさんの過労自死が問題化したこともあり、長時間労働の是正が重要課題になった。また、「同一労働同一賃金」の実現も掲げた。

実現会議には学者などの有識者のほかに経団連や連合も入り、事務局には厚労省から労働系の官僚が参加した。事務局を仕切ったのは経産省出身の新原浩朗氏だった。

電通事件で長時間労働の是正問題に社会の関心が高まっていたことで具体的な是正策が求められた。そこで労働基準法（労基法）という法律ができてから70年ぶりの改正に大鉈が振るわれた。改正で残業時間に月45時間、年360時間とする法的な上限を設けた。さらに、繁忙期などの理由があれば年6カ月を限度に残業時間に上限なく働かせ続けられる特例があるが、その場合でも年720時間以内で残業と休日労働の合計が月100時間未満、2～6カ月平均80時間以内などの規制が設けられた。

労基法に70年間、残業時間の上限が規定されていなかったこと自体が問題だが、長時間労働をすることで戦後の高度成長を支えてきた面があり、上限を設ける発想になかなかならなかったのだろう。だが、残業代を払わないサービス残業が常態化している中で過労死の多発が深刻化している。長時間労働は、働きながら子どもを産み育てる営みが困難になっている要因にもなっている。こうした社会背景も背中を押した。改正労基法が施行され、19年4月から大企業へ、20年4月からは中小企業にも適用された。

待遇格差是正を目指す「同一労働同一賃金」制度

「同一労働同一賃金」制度は、同じ仕事には同じ賃金が支払われるべきという考え方で、正規社員と非正規雇用労働者の待遇格差の是正を指す。「同一労働同一賃金」と政府はアピールしているが、正確には待遇格差をより縮めることを目指したもので、必ずしも同一の賃金になるわけではない。

欧州では一般的に職種ごと、地域ごとに労使の協約などで賃金が決まっており、「職務」ごとに賃金等級がある。例えば、自動車メーカーならどの会社で働いても同様の職種なら賃金が同じになる。原則的には正規も非正規も同じ基準で職種に応じて決められる。

企業の生産性が低く、求められている賃金を払えないと、労働者は業界で労使合意した賃金を払ってくれる企業に移動していく。必然的に生産性の低い企業は市場から退場していくという新陳代謝があり、こうした賃金や雇用のあり方が、手厚い社会保障制度が整備され税負担も高い社会で、経済成長を支えている面がある。

欧州の労働組合は基本的に産業別なので、その産業ごとに労使交渉で統一された賃金を決められることになる。だから、同一労働同一賃金に近い賃金となる。

日本は企業別労組で企業ごとに労使交渉を行う。同じ業種、職種でも企業によって賃金は違う。職能型やメンバーシップ型といわれる働き方で、日本の労働者はさまざまな職種に異動していく。賃金の決め方や各種手当を出す理由も企業によりさまざまで待遇は多様化している。正社員と非正規の待遇格差も、何が同じ仕事なのか、責任の度合いを待遇にどう反映させるのかなど一定のルールを決めることは難しいのが実情だ。

こうした日本の雇用慣行から、安倍首相も当初は「同一労働同一賃金」制度には消極的だった。それが16年1月の施政方針演説で一転、その実現へ向けた取り組みを表明した。当時、アベノミクスが失速する懸念が指摘されていた。前年に「一億総活躍社会」を看板政策に掲げていたこともあり、その加速を狙った。最低賃金の引き上げと併せ経済の好循環を後押しして政権支持につなげようとした。

つくられた制度は、厚労省が示したガイドラインに沿って待遇差をなくす取り組みを企業に求めるもので、有期雇用労働者、パート労働者、派遣労働者を対象に、大企業は20年4月から、中小企業は21年4月から制度の適用が始まった。

ちなみに正社員という働き方は法的には定義がないが、一般的に企業に直接雇用されている、雇用期間が無期、フルタイムの働き方の3つの要件を満たす働き方を指す。逆に言うと、直接雇用ではない派遣労働者、無期雇用ではない有期雇用労働者、フルタイムではないパート労働者は非正規となる。

長時間労働の是正も「同一労働同一賃金」制度も厚労省だけでは実現は難しかった。だから、厚労省は官邸の政治決着を逆に利用した面もあった。

ただ、「働き方改革」には労働時間規制から外す働き方で経済界から導入の要望があった「高度プロフェッショナル制度（高プロ）」（前出、78、114頁）など経営側に配慮した政策も盛り込まれた。長時間労働是正を経済界が受け入れたことへの配慮だろう。

長時間労働の是正は過労自死などが社会問題化、「同一労働同一賃金」制度はアベノミクスの下支えのためという理由が背景にあり、政権としては無視できなくなった。それを官邸官僚が敏感に嗅ぎ取り政策の方向を決めていった。労使自治を重視し当事者同士の交渉に委ねる厚労省に任せていたのでは政策は進まない。官邸はそう見ていたのだろう。

厚労官僚からしばしば「厚労省も政府の一員」という言葉を聞く。各省庁とも内閣を中心に政府を形成し一体となって行政を行う、といった文脈で使われる。

だが、そう言った時点で一体ではないと言っているとも受け取れる。少子高齢化に向かう中で社会保障制度の費用を削ろうとしたり、労働者保護のために経営側が求める労働法制の規制緩和に消極的だったりと、官邸は厚労省を「抵抗勢力」とみなしているようだ。

以上、説明してきた官邸主導の政策は、どれも厚労省に任せていたのでは、政権が思うような政策を打てないものばかりだ。安倍政権時代の官邸主導の姿勢の裏には、そのいらだちが感じられる。もちろん時には、課題解決へ政治主導のトップダウンで政策を進める必要もあるだろう。だが、あまりにも官邸の力が強い安倍政権は官僚への思わぬ副作用を与えた。

逆らえぬ内閣人事局

よく指摘されることだが、2014年に設置された内閣人事局は官僚の人事に対する官邸の力を決定的にした。年功序列が徹底され、ポストによって権限も明確な官僚は民間企業以上に人事の仕事への影響は大きい。審議官以上の幹部人事をこの人事局が決める。

源流は08年ごろ、福田康夫政権の公務員制度改革だった。渡辺喜美担当相が「各省縄張り主義の打破」「身分固定的キャリア制度の廃止」とともに「官僚主導から政治主導への転換」を改革の３本柱として掲げた。政治主導の一環として幹部職員人事の内閣一元化も進められることになった。渡辺氏は持っていた問題意識を官邸ホームページに設けられたメールマガジンではこう書いている。

「高度成長時代には、各省が競い合って政策を企画・実施することにより、官の領域が拡大し、天下りポストも増加。官僚主導体制も各省割拠主義も威力を発揮していました。『日本は世界で最も成功した社会主義国家』であると言われたものです。

しかし、ベルリンの壁崩壊以降、大競争時代が到来し、世界経済が一体化しました。政治改革や省庁再編は行われましたが、官僚主導体制は延々と続き、我が国は大激動の時代に遅れをとるようになりました。

車のボディのモデルチェンジはしたけれど、エンジンが相変わらず旧式であるため、時代に合ったスピードで走ることができなくなってしまったのです。私達は今、このエンジンを新しいものに取り換える作業に取り掛かっています」

迅速に社会変化に対応するために官邸、あるいは政治主導で政策を進めるということである。当時の想定とは形は違うかもしれないが、その後に人事を一元化する内閣人事局が設置された。

人事局をうまく利用した政治家は安倍政権での菅義偉官房長官だろう。従わない官僚は容赦なく飛ばすことが既に知られている。そのため官僚の過剰な忖度が生まれて、反対意見を言えなくした。首相になってからも、菅氏の姿勢は変わらなかったのではないか。

本来、官僚は政治家が考える制度や政策に課題や不備があれば直言や提言をする役目だ。人事での報復を恐れて萎縮し何も言えなくなっているのなら、間違った方向に政策が進んでも止められない。

厚労省も例外ではない。菅官房長官時代に、ある局長に官邸の様子を聞くと「とにかく官邸には逆らえない」と小さな声でボソリと吐露した。意見を言いたいが言ったら人事がどうなるか分からない、そう言いたげだった。医療政策に精通した官僚で、うるさ型の業界団体とも臆することなく折衝をする人物で、その官僚からこぼれた言葉だったので、驚いたことを覚えている。厚労省にも政治家や官邸に直言する官僚はいたが、安倍政権とその後の菅政権下で十分に人材を使いこなしていたか疑問が残る。

政治主導でスピード感のある政策遂行は、省庁の縦割りの発想を打破し政策を大きく進める力になるが、それと引き替えに問題を抱えた政策が進むとしたら国民にも不利益になる。このバランスを取る政治感覚が政治主導には必要だが、確かにその両立は難しいことも事実だ。

官邸主導で政策立案力は低下する？

これまで説明してきた官邸主導の政策の混乱は、制度をつくる際に必要な現場の声を聴き、調査や議論を経て積み上げる手法を飛ばしていることが原因だ。厚労省から見ると、突然上から「既に決められた政策」が降ってくることになる。官邸に対し意見をすると人事で報復されかねない。官僚は萎縮して言われたこと以外はやらなくなる、という悪循環になる。

通常、法改正を控えた部署には事前に人事異動で人材を配置して対応するが、官邸のトップダウンだと、いつどんな指示がくるのか予測しにくい。事前の準備もできないだろう。しかも、国民に関心の高い問題だと官邸は、支持率アップを狙い短期間に制度をつくるよう求めてくる。勢い、泥縄式の政策になりがちだ。

官僚はそれが仕事なのだから対応するのが当たり前ではあるのだが、それにしても官邸からトップダウンの要求が続くと役所としての能力を超えてしまう。

次はどうなるのか、関係者に話を聴き、データを集め、専門家の意見も交えながら議論する、という積み上げができにくくなる。「政策をつくる経験値」が上がらなくなることを危惧する官僚もいる。

例えば、あらかじめ労使が労働時間と賃金を決めて働く裁量労働制という働き方がある。求められる業務をこなせば労働者の裁量で労働時間を決められる制度だが、労使で決めた労働時間以上働いても企業には原則、残業代を支払う義務はなくなるのでブラック企業が長時間働かせるなどの悪用が問題化している。結果的に、一般の労働者より裁量労働制で働く人の方が労働時間は長くなりがちになる。

厚労省は、裁量労働制の方が労働時間は短いとのデータを示したことがある。そのデータが実態と違うとの指摘が出たため、その後調査したところ、データ処理が不適切だったことが判明した。その影響で、「働き方改革」関連法案から裁量労働制の対象業務を拡大する改正案が削除される事態を招いた。

この不適切なデータ処理も、普段からデータを見ていれば、処理方法が不適切だったと分かったはずだ。「経験値の不足」が原因だというわけだ。

安倍政権以前を知るベテラン官僚は「とにかく政治は早急に成果を求める。これは民主党政権も同じだった。本来は、さまざまなデータに当たり、現場の話を聞き、問題を設定して解決策を考える。政策を考える中で、これはどうか、ダメならあれはどうかなど思考を行ったり来たりさせて考える。無駄に見えるかもしれないが、こうやって政策づくりの経験値を上げていくものだ」と話す。

官邸はさまざまな会議体を官邸内につくっている。経済財政諮問会議は、社会保障政策の方針を決める場面が増えた。成長戦略会議は成長策の一環で社会保障や雇用政策も議題にする。毎年のように看板をつけかえた「一億総活躍国民会議」「働き方改革実現会議」などからも決定した制度づくりの指示が厚労省に降りてくる。

今の若手官僚は政策を考える「基礎体力」が落ちている、との指摘は無視できない。

もう１つの問題は、官僚のやる気の低下だ。

官邸主導の政策遂行は、官邸との折衝事も増やす。安倍政権ではさまざまな注文や指示が飛んできた。首相の意向を受けた官邸官僚と交渉する厚労省も幹部官僚が対応することが増えた。「若手の官僚が政策決定に参加する裁量の範囲が狭まっている。これでは若手のやる気も出ないのではないか」とある幹部は懸念する。

省内での制度づくりは課長より下の若手も積極的に関わることが多い。一緒に知恵を出し合い、業界団体などとの折衝も上司や先輩官僚と担う。そこで制度づくりのノウハウを学んでいくのだが、その機会が減っているというのだ。他省庁も含め入省間もない若手官僚の退職が増加傾向であることは、この問題と無縁ではない。

約1年の短命に終わった菅政権も安倍政権を引き継いだことで、同じ課題を抱えた。21年夏の最低賃金改定作業では、厚労省の中央最低賃金審議会の議論より先に、菅官邸が引き上げを求め改定議論をリードした。しかも、28円との大幅引き上げを実現させた。さすがに審議会では経営側から強い反発が出た。考えてみれば菅前首相は、安倍政権では官房長官だった。強引にも見える官邸主導となることは明らかだった。

だが、不備のある制度ができたり、行政ミスで必要な政策が進まなかったりしたら政府のガバナンスが危機的状況になる。文字通り「政府は一体」となるには、政治主導との距離をどう保つのか、難しい課題を乗り越える必要がある。

第5章　なくならない不祥事

第5章　なくならない不祥事

薬害エイズ事件

霞が関の中央省庁ではこれまでさまざまな不祥事があった。厚労省も例外ではない。しかも、年金や医療など国民の生活や健康に直結する政策を担う省庁だけに、いったん不祥事が起こると社会に大きなインパクトを与える。

官僚の倫理感の欠如、甘い情報管理、組織のことなかれ主義などが要因で厚労省は不祥事を起こしてきた。

病やけがを治療する医薬品の安全性確保は、最も重視しなければならない。それを怠った事件が薬害エイズだ。この事件は今なお、厚労省のトラウマとなって行政スタンスにも大きな影響を与えていると言われる。経緯を振り返ってみよう。

１９８０年代にエイズウイルス（ＨＩＶ）に汚染された恐れのある非加熱製剤が血友病などの治療に使われた。投与された１４００人以上が感染し、これまでに約７００人が亡くなった。

82年に米国で血友病患者3人のエイズ症例が報告された。米国では血液製剤の危険性が指摘され、ウイルスを加熱処理して不活化した加熱製剤が認可された。日本では83年に当時の厚生省にエイズ研究班が設置され、当時帝京大学医学部長の安部英氏が班長に就く。

厚生省は米国原料の非加熱製剤は扱わないように一度は指導したものの、その後、「非加熱製剤の一律禁止は行わない」と方針を転換する。研究班も非加熱製剤の使用継続を決定する。

84年に、国内の研究者が抗体検査の結果、血友病患者から陽性者が出たと報告があったにもかかわらず、厚生省は公表しなかった。

85年に、厚生省が国内初のエイズ患者と認定したのは性的感染によるケースと公表、非加熱製剤が原因の感染ケースではなかった。その直後に厚生省は血友病患者として初めて帝京大病院の患者をエイズと認定したが、非加熱製剤は自主回収にとどまったため、患者に使われ続けられ被害が拡大した。

検察は、非加熱製剤の使用を抑え感染を極力防止すべき注意義務を怠ったなどとして、業務上過失致死罪で血友病研究の第一人者だった安部氏、元厚生省課長、製薬企業の歴代社長ら計５人を起訴する事件に発展した。

患者や遺族らは89年に、国と製薬企業５社に損害賠償を求め提訴したが、96年に菅直人厚生相が国の責任を認めＨＩＶ訴訟の原告に謝罪、この年の３月に和解が成立した。

当時はエイズに関する知見が不十分で専門家や厚生省に危機感が広がらなかったとの指摘もある。だが、深刻な健康被害を出した事実は消えない。

霞が関の厚労省正面玄関脇に「誓いの碑」がひっそりと設置されている。薬害エイズ事件への反省から99年に設置された。碑文にはこうある。「命の尊さを心に刻みサリドマイド、スモン、ＨＩＶ感染のような医薬品による悲惨な被害を再び発生させることのないよう医薬品の安全性・有効性の確保に最善の努力を重ねていくことをここに銘記する」「千数百名もの感染者を出した『薬害エイズ』事件　このような事件の発生を反省しこの碑を建立した」

この誓いを忘れずに組織の課題を乗り越えて薬事行政に取り組んでほしいと願うばかりだ。

この碑は厚労省のホームページでも紹介されている。

「予防原則」へ発想を転換

一方で、薬害エイズはその後の厚生省の行政姿勢を変えた面もある。非加熱製剤が原因かどうかなかなか分からなかったことで問題を放置してしまい、被害を拡大させてしまった。当時、行政の規制や対応は、原因が判明した時点で必要な対応を取るという考え方だった。しかし、それでは未然に被害を防げない。薬害エイズの経験はそれを厚生省に痛感させた。

そこで、被害が懸念される段階、原因が必ずしも確定していなくても規制を実施するという「予防原則」へ発想を変えた。

「予防原則」が生かされた例がある。2001年に千葉県の農場で発生したBSE（牛海綿状脳症）問題だ。BSEプリオンという病原体に感染した牛が、異常行動などを示し死亡する病気だ。感染した部位を食べた人には、変異型クロイツフェルト・ヤコブ病が発症する場合があるとされる。

日常的に口に入る食品だけに社会の関心は大きかった。農水省が感染ルートの解明などに乗り出し、食品安全対策に責任がある厚労省は、感染が確定していない段階から

「消費者に安心してもらうため」との理由で、原因とされた動物性飼料で飼育された牛肉の出荷を停止する措置を取った。

１９９６年に大阪府堺市の学校給食などによる病原性大腸菌Ｏ１５７集団食中毒事件が発生した。小学生３人が亡くなり９０００人を超える患者を出した。厚生省は患者が食べた汚染された食材に「かいわれ大根が疑われる」と公表した。

結果的には、生産した農園業者の製品や施設からはＯ１５７は検出されなかった。業者からは、原因が確定していないのにかいわれ大根が原因かのような情報を公表したことについて損害賠償を求める訴訟を起こされ、厚生省が敗訴している。

法的な決着は訴訟で敗訴だったが、厚生省は「予防原則」に沿った対応を取った。当時の菅直人厚生相はまとめた最終報告書で、患者から検出したＯ１５７の遺伝子情報や食材の流通調査などから、かいわれ大根からＯ１５７が検出されなくても原因の推定は可能で、「予防の見地」から「かいわれ大根原因説」の公表は妥当だったと主張した。薬害エイズ事件を経験した人らしく「予防」の意識が見て取れる。最終報告書を公表した記者会見でも「エイズウイルスに感染することが疑われても、１００％でなければ発表しないとか、対応しなくていいのかというと、それは違う」との菅大臣の見解を東京新聞は伝えている。

「予防原則」は確かに、疑いの段階から規制をかけ社会経済活動を制限するものだが、見込みを間違えると当事者に損失を与える可能性がある。それでも薬害エイズの被害を考えると、必要な対応である。

審議会は非公開から公開へ

薬害エイズ事件は非公開で行われていた省庁の審議会を公開する流れを後押しした。審議会の公開の流れは「臨時脳死及び臓器移植調査会（脳死臨調）」の反省からだった。脳死を人の死とするか。この高度に倫理的な課題の議論の公開は不十分だった。だれでも最後は寿命が来る。国民全員にかかわる問題の議論のプロセスが国民には分かりにくかった。

脳死臨調は1992年に脳死を「人の死」と認め臓器移植を受け入れる考え方を答申したが、そこに至る議論が公開されなかったことで広く理解が進まなかった。厚生省にとっては重要な課題の議論には公開が必要ではないかと考えるきっかけとなった。公開の先鞭をつけたのは、95年に遺伝子治療の臨床応用を検討した中央評価会議だったようだ。最先端医療は極めて倫理的な問題でもあり、国民の理解を得るため公開にする必要性に迫られていた。公開の審議によって日本最初の遺伝子治療にゴーサインが出された。

その翌年の96年、薬害エイズ事件で被害者らと和解が成立、厚生省や製薬企業の関係者が逮捕されるなどして一定の決着がついた。情報公開が不十分だった薬害エイズ事件への反省から設置された「血液行政の在り方に関する懇談会」は全面公開された。省内には、傍聴者から不規則発言が出るのでは、とか、自由な議論ができない、などの意見があったようだ。だが、結局公開してみたらそのような妨害はなく、議論も深まった。

審議会の公開はこのころから原則となった。ほとんどの審議会が公開され多くの傍聴者が訪れる今では信じられないが、当時は運営も手探りだったようで、ある研究会（審議会の議題を事前に検討する有識者会議）では傍聴者にもコーヒーが振る舞われたそうだ。

さまざまな議論はその過程でどんな意見があったのか、どう議論を積み重ねて結論に至ったのかを知ることが民主的な手続きとして不可欠だ。政府が決める政策はいろいろなメニューから国民が選べるわけではない。いわば一方的に決めた政策を国民が受け入れることを求められる。それだけに、情報公開は国民の理解を得る前提になる。

慎重さが求められる医薬品審査

医薬品はこれまでも健康被害を発生させている。鎮静催眠剤のサリドマイド製剤を服用した母親から、四肢や内臓などに障害を負った子どもが生まれたサリドマイド事件（1950～60年代に発生）、腸内殺菌剤のキノホルム製剤を服用したことで体が麻痺して歩行困難などの被害が出たスモン事件（50年代後半～70年代に発生）、汚染された血液製剤から感染したC型肝炎（70年代後半～80年代前半に感染）、医薬品が直接の原因ではないが集団接種による注射針の使い回しで感染したB型肝炎（40～80年代に感染）、そして薬害エイズ事件（80年代に発生）などを厚労省は経験してきた。

それだけに医薬品の承認審査は、厚労省にとっては最も神経を使う問題になっている。コロナ禍の2020年、当時の安倍首相は新型インフルエンザ治療薬として承認されていたアビガンを5月末までに新型コロナの治療薬として薬事承認することを目指した。首相の前のめりの姿勢は政治的な圧力だったはずだ。だが、厚労省の審議会は年末に「有効性を明確に判断することは困難」として承認を見送った。十分なデータがそろわなかったことなどが理由だが、首相が一度表明した方針を審議会が押し戻したことは、薬害をまた出すことへの強い警戒感があったからだろう。もし審査に不備があり健康被害を出せば厚労省が責められるからだ。コロナワクチンも海外での使用が先行し「日本の対応は遅い」との批判が出たが、21年2月に「承認して差し支えない」と審議会が判断した。製薬企業の米ファイザー社が製造販売承認を申請してから2カ月のスピード承認だったが、決められた手順を踏んで承認された。

早くほしいと期待されるワクチンだが、医薬品の有効性と安全性の確認は怠れない。そのバランスの上に承認審査は行われている。

官僚の倫理が問われた岡光事件

1996年は厚生省にとってはもちろん、社会全体をも揺るがす事件が相次いだ。薬害エイズ事件は当時の菅厚生相がHIV訴訟の原告に謝罪、3月に和解が成立した。9月から10月にかけて非加熱製剤の製薬企業の社長や厚生省の元生物製剤課長らが逮捕されていた。

その直後、今度は汚職事件が起こった。7月、薬害エイズ事件の影響で菅大臣が交代させた事務次官の後任に岡光序治《おかみつのぶはる》氏が就いた。そのわずか4カ月後に、特別養護老人ホームを運営する埼玉県の「彩福祉《あや》グループ」の小山博史代表側が岡光氏の名義でのゴルフ場会員権の購入や、乗用車を供与していた問題が明らかになった。

警視庁が捜査を始め、特養ホームの建設補助金交付などをめぐり便宜を図ったとして贈収賄事件に発展した。収賄罪で厚生官僚トップの岡光次官と部下の課長補佐、贈賄罪で小山代表が逮捕・起訴された。

賄賂額は岡光氏が現金約6000万円と乗用車、課長補佐が計約1100万円とされた。菅氏の後任の小泉純一郎厚生相が岡光氏を辞職させたが、この時懲戒免職処分を受けずに退職したためボーナスが支払われていたことが批判された。人事院は、懲戒処分に該当する恐れのある場合、国家公務員の辞職願を受理しないよう各省庁に通知していたが、小泉大臣は「政治判断だった」と辞職願の受理は妥当と主張した。

この事件では、審議官が業者側から現金100万円の提供を受けていたことや、多数の厚生官僚が接待を受けていたことも発覚した。厚生省は審議官の懲戒免職など計17人を処分した。業者との癒着は省内に広がっていた。官僚の中には、業者との飲食などの接待に誘われたが、危うさを感じ距離を置く者もいたようだ。贈収賄事件の被告になるかどうかを分けたのは、官僚個人の倫理観にかかっていたといえる。

汚職事件は2003年、最高裁は岡光元次官と「彩福祉グループ」の小山元代表の上告を棄却、岡光氏に懲役2年、追徴金6369万円、小山元代表に懲役1年6カ月、追徴金200万円の実刑が確定した。官僚トップの事務次官経験者が官僚時代の収賄行為で有罪が確定するのは、戦後3人目だった。

続いた旧社会保険庁の不祥事

厚生年金と国民年金の公的年金制度ほど、厚労行政の中で関心の高い分野はないだろう。その制度の信頼性という根幹を揺るがす不祥事が「宙に浮いた年金記録」問題である。

発端は旧社会保険庁（社保庁＝現・日本年金機構）の不祥事だった。2004年に旧社保庁の職員がタレントや国会議員ら著名人の国民年金保険料の納付記録を業務外閲覧、つまり覗き見していたことが分かり、関係した職員約500人が処分された。

その後も不祥事は続く。社保庁の元課長が年金業務関連の機器納入業者からの収賄容疑で逮捕・起訴され有罪判決を受けた。同じ業者から多数の職員が中元や歳暮を受け取っていたり、ゴルフや旅行に参加していたりした。

同じ時期には、社保庁が保険料を使い書籍類を大量購入、一部職員がその監修料として多額の金銭を受け取っていた。

まだある。06年には社保庁の年金事務所が加入者本人の申請がないにもかかわらず保険料の免除承認手続きを行っていた。当時、各事務所は保険料の納付率向上を求められており、免除手続きをすると未納扱いではなくなる。納付率目標を達成するためにこうした規定違反がはびこった。中にはその事実を隠そうとした事例もあった。

07年には、国家公務員としての給与を受けていた職員が職員団体（労働組合）の専従職員になっていた「無許可専従」問題も発覚した。もともと社会保険関係の業務に就く職員は１９４７（昭和22）年から長く、人事権は国、業務の指揮命令権は都道府県知事が持つというういびつな管理がされていた。２０００年にこの制度は廃止されたが、統一的な人事と業務の管理体制ができていなかった。厚生省の監視の目が行き届かず、職員規律の確立などが不十分だったことが背景にはある。

保険料をつぎ込んだグリーンピア事業

社保庁組織の不祥事と同時に問題となっていたのが大規模年金保養基地「グリーンピ

ア」だろう。

当時の年金福祉事業団は、グリーンピア事業として１９８０年から88年にかけて全国に13カ所のリゾート施設を整備した。当時は高齢化も進展しておらず、年金給付に充てる財源である保険料が潤沢にあった。そこで厚生省が年金制度加入の現役世代や年金受給者の健康増進を名目に保養施設として建設した。しかし、経営感覚のない役所による事業だったため、後に経営が行き詰まり２００１年に、05年度までに廃止することが決まった。結局、年金の財源を約３７００億円つぎ込んだが、施設の売却総額は約48億円にとどまった。

当時は国会も福祉政策に年金財源を充てることに反対はしなかった。だが、国民が月々支払う保険料が使われた施設が二束三文で売り飛ばされる結果となった。超高齢社会を迎え年金給付を削らざるを得ない状況になった今から見ると、大切な保険料をずいぶんと無駄にしてくれたものだと思う。

これ以外にも年金や健康保険料を使った施設は厚生年金会館など多数建設された。既に順次売却されたが、施設建設に奔走した箱もの行政の悪例が各地に展開されたことは記憶にとどめたい。

公的年金制度の信頼を傷つけた年金記録問題

立て続けに起きた社保庁の不祥事や、保険料の無駄遣いとなってしまった保養施設建設事業などで社保庁や厚労省に制度への不信が高まっていた07年、年金記録問題が明るみに出た。

年金記録問題は大きく3つに分けられる。自営業者らが納めたはずの国民年金保険料の納付記録や、企業で働く人が給与から天引きされていたはずの厚生年金保険料の納付記録が社保庁にない「消えた年金記録」、社会保険事務所が誤った事務処理をしたことで記録がなくなってしまった「消された年金」、それに記録は残っているが個々人の納付記録を統合・管理していなかったことで誰のものか分からない記録が約5000万件にも及んだ「宙に浮いた年金記録」だ。

「消えた年金記録」の中には、経営者が従業員から給与天引きで厚生年金保険料を徴収しておきながら、経営資金に回すために納付を怠っていたケースもあったようだ。

特に大きく問題化したミスは「宙に浮いた年金記録」問題だった。1997年に基礎年金番号が導入されたことを機に、それまでは1人に対し複数存在していた年金番号を基礎年金番号1つにまとめるため、加入者らの情報統合を進めていた。その過程で社保庁のコンピューターには記録があるものの、基礎年金番号に統合・整理されていない記録が約5000万件あることが判明したのだ。以前の管理のやり方だった紙台帳による記録が電子化された時に正確に転載されていないことも分かった。ずさんとしかいいようがない事務処理能力と社保庁の責任感の欠如、厚労省の管理の甘さがあらわになった。

この問題を追及した急先鋒は前の章でも触れたが、民主党の国会議員で民主党政権では厚労相も務めた長妻昭氏である。本来より少ない年金額になっている、あるいは既に受給者が亡くなっていて受け取れないといった問題が国民の怒りを買い、第一次安倍政権は激しい批判を浴びた。直後の参院選で安倍首相は「最後の一人まで年金を払う」と訴えたが、自民党は惨敗した。

長引いた問題への対処

約5000万件の「宙に浮いた年金記録」への対応は、当然だが誰の記録か見つけ出す作業が求められた。同じ氏名、性別、生年月日、住所を照合するのだが、結婚して名字が変わっていたり、氏名の漢字の読みが同じでも字が違っていたりと統合作業は難航した。

10年からは社保庁が解体され発足した日本年金機構が業務を引き継いだ。約6億件に上る紙台帳記録と約3億件のコンピューター記録の統合も実施してきたが、それも限界を迎えた。記録の確認作業を検証していた厚労省の有識者会議が14年に報告書をまとめた。多くの未解明記録が残るが、調査は限界と認めた。これ以降の確認作業は縮小されていく。

この時点で統合ができた記録は全体の約6割程度だ。約269万人が本来の年金額を受け取れるようにはなった。回復できた年金額は1人年間約3万5000円だった。統合作業に多くの人手と時間、約4000億円を超える対策費を費やしたが、18年時点で約1900万件の記録の持ち主が見つかっていない。

年金記録問題と厚労省の対応は10年版の厚生労働白書に詳しい。当時厚労相だった長妻氏がまとめさせた白書だ。「厚生労働省改革元年～『役所文化』を変える～」と題して特集を組んでいる。「はじめに」で「厚生労働省が担う社会保障は、国民の日々の生活に直結するものであり、担い手たる行政と国民との信頼関係なしには成立しません。国民の皆様からの信頼を失墜させる問題により、担い手たる厚生労働省が自らその基盤を崩してしまってきたことは誠に申し訳なく、率直にお詫びを申し上げます」と反省の言葉を述べている。

この不祥事の反省から「ねんきん定期便」という通知を加入者の誕生月に送付する対策を始めた。それまでの保険料納付記録や65歳から受け取れる年金額などが記入されている。国民から申請しないと事務処理や情報提供などに動かない行政の「申請主義」への反省だ。ねんきん定期便は35、45、59歳になる年の通知には被保険者の資格の取得や喪失などの記録も含めたより詳しい情報が記載されている。これまでのように受給開始時になって初めて年金額を知る事態になることは避けられるようになった。ねんきん定期便は自身の負担と給付の関係がよく分かるようになっており、活用しやすく工夫されている。

年金制度は数十年にわたり保険料を納め、数年から数十年間年金を受け取る息の長い社会保障制度だ。どれくらい保険料を払っていて、この額ならどれくらい年金を受け取れるのか、という重要な情報を気軽に確認できなかった制度のあり方は問題だった。「申請主義」で国民から意思表示しないと動かない行政手続きの姿勢も国民の監視の目が及ぶことを阻害し、記録問題を起こした要因だったろう。

15年には、日本年金機構がサイバー攻撃を受けた。年金受給者や現役世代の加入者の氏名、生年月日、住所、基礎年金番号などの個人情報約125万件（約101万人分）が流出してしまう。職員のパソコンが「標的型メール」と呼ばれるメールに仕込まれていたコンピューターウイルスに感染していたことが原因だった。デジタル対応の遅れも露呈させてしまった。

統計不正事件の不可解さ

厚労省の労働系分野でも最近になって社会問題化した不祥事がある。統計不正事件だ。政府はさまざまな統計を公表している。企業の経営判断や大学の研究をはじめ、メディアにも引用されるなど社会のあらゆる場面で利用されている。公的統計の中でも重要性の高い統計は「基幹統計」と位置づけられ、現在53ある。国勢統計、労働力統計、学校基本統計などだ。それ以外を一般統計と言う。

厚労省の基幹統計は9ある。人口動態統計、薬事工業生産動態統計、医療施設統計、患者統計、国民生活基礎統計、生命表、社会保障費用統計と、統計不正事件で問題となった毎月勤労統計と賃金構造基本統計だ。

最初に問題となった統計は、事業所の賃金や労働時間を把握する毎月勤労統計だった。２０１８年12月、政府の統計を統括している総務省が「不自然な点がある」と指摘した。この統計は本来、調査対象企業の全数調査がルールだったが、04年から東京都分を従業員５００人以上の大企業対象の抽出調査に変え、３分の１程度しか調べていなかった。厚労省は総務省に「抽出調査をしていた」と説明、その直後に根本匠厚労相が官僚から報告を受けた。

年明けの19年1月、根本大臣が記者会見で問題を公表したことで社会に知られることになった。抽出調査をしたことで賃金額が本来より低く算定されてしまった。その影響は大きかった。雇用保険の失業給付や育児休業給付、労災保険の年金などの給付額の算定にこの統計を利用していたため、給付額も低くなってしまったのだ。過少支給となった人は延べ約２０００万人に及んだ。給付額の再算定と受給者本人への追加給付作業にかなりの労力を使うことになった。

疑問は、04年から不正な方法は引き継がれてきたが、当時、誰がどういった理由で全数から抽出調査に切り替えたのか、遡って調べても明確に分からなかったことだ。16年に調査の方法を一部別の方法に変更するため総務省に申請した際も、当時の担当室長は不正な抽出調査をしているのに「説明に窮するから事実を正直に言えなかった」と総務省に報告せず全数調査であると説明した。

もう1つの疑問は、18年1月から、抽出調査で減らした対象企業から得たデータを全数調査で得られるデータに近づける復元作業を密かに実施していたことだ。この変更で賃金が上振れした。調査手法に首相秘書官が関心を示し官邸の関与もあったのではという疑惑も出て、野党はアベノミクスの成果を強調したい政権が賃金額を上振れさせる圧力をかけたのではないかと疑った。なぜ突然、18年から復元作業を始めたのか不自然だった。

検証作業もお粗末

厚労省は問題検証のために有識者による特別監察委員会を設置した。ところが、ここでも問題が起こる。委員長を務めた樋口美雄氏は厚労省所管の外郭団体理事長だった。調査では厚労省職員が対象者を聴取した。報告書の原案も職員が事務局となり作成するなど監察委の独立性に疑問符がついた。

日本弁護士連合会（日弁連）の第三者委員会ガイドラインでは、第三者委は調査対象企業などから独立したメンバーのみで構成されると定めている。当事者聴取で当事者のそれも上司である幹部官僚が同席していたのでは、十分な調査ができないことは明白だった。身内で固め早々に報告書をまとめて幕引きにしたかったとしか思えない対応だった。

監察委は批判を浴びて追加調査を行った。だが、その調査結果も納得できる内容ではなかった。04年から全数調査を抽出調査に変えた。減らしたデータの復元作業をしていなかったのに18年から突然、復元したため賃金が上振れして算定された。誰がどんな理由で抽出調査を始め、なぜ長年放置されたのか、厚労省に組織的隠蔽がなかったのか。こうした疑問の解明は追加調査でも前進しなかった。

しかも、追加調査の報告書では隠蔽行為を「違法行為を認識しながら意図的に隠そうとする行為」と定義、最後まで隠蔽は認定しなかった。だが、担当者が抽出調査を不正だと認識していたため総務省に説明できなかった。表に出たらまずいと考えていたことが分かる。官邸の関与も解明できていない。こうした行為は隠蔽と言われても仕方ないが、監察委は正面から答えなかった。

日弁連の第三者委員会ガイドラインの策定にかかわった弁護士らでつくる「第三者委

員会報告書格付け委員会」が監察委の追加報告書の評価をした。「組織的な要因を踏まえた真因への言及がない」「厚労省から補助金を受ける外郭団体の理事長が委員長では独立性がない」と指摘、メンバー9人全員が評価外の最低ランクをつけた。

毎月勤労統計とは別の基幹統計である賃金構造基本統計でも不正が見つかった。雇用形態や性別、企業規模、学歴などの属性に応じた賃金動向を把握する統計で最低賃金の引き上げ目安の検討などにも利用される。この統計でも06年以降、決められたルールではなかった郵送による調査をしていた。面接調査をする人員が不足していたことが理由だったが、面接と郵送では調査結果に差が出かねない。統計を軽視した姿勢が見える。

統計を軽視する危うさ

政府の公的統計は社会で広く利用されている。実態と違う統計は社会に混乱を招くこともある。09年、ギリシャの政権が交代した際、国内総生産（GDP）比で5％程度と公表されていた財政赤字が、倍以上だったことが発覚した。この情報が市場に伝わるとギリシャ国債や株価が暴落した。

日本でも例えば、太平洋戦争に向かう時代に専門家らが米国との国力差を統計データで示したが、軍部は重視しなかった。客観的な統計は自分たちの社会を映す「鏡」だ。ゆがんだ鏡では実態を把握できない。

統計部門は重要にもかかわらず、統計を担う日本政府の職員は06年に５０００人を超えていたが、10年間で２０００人を下回ってしまった。厚労省でも３００人超から約１００人減っている。統計部門は政策の企画立案部門のような派手さはない。業務も地道なものだし省内でも統計部門への関心が薄れていったのだろう。

厚労省は、再発防止に統計業務が外部からチェックできるよう調査方法の情報公開を進めている。専門知識を持つ人材の育成や人工知能（ＡＩ）の活用も検討する。外部の専門家も採用し、統計処理に詳しい年金局数理課からも人材を異動させた。

統計不正事件を見渡すと前任者のミスを認めたくない、自分が担当した時にミスを認め責任を負いたくない、このまま知らないことにして後任者に引き継いでしまう、といったことなかれ主義の存在を感じる。不正な統計データは雇用保険や労災保険の給付額に影響を与えるなど、統計部門の不正が社会に影響を与えるという想像力に欠けていたと言わざるを得ない。

一方で、統計調査は対象となる企業などの協力が不可欠だし、調査員も必要だ。だが、調査を負担と感じる企業が増え、調査を担う現場の人材確保も難しくなっているようだ。こうした調査のしづらさも不正が起こる背景にあるのかもしれない。社会経済状況の変化に合わせて統計手法も変えていくことを求められている。

第6章　人生を支える社会保障制度

「失われた相互扶助」の役割

これまで厚生労働省について、いくつかの視点から分析してきた。最後の章は厚労省が日夜担っている社会保障制度について、何が課題となっているのかをまとめておきたい。

長い人生を生きていく中で個人や家族だけでは乗り越えられない困難に直面した時、助け合う社会の仕組みが社会保障制度である。高齢期の生活を支える年金制度、病やけがをした時に必要な医療を受けられる医療制度、介護を受けながら自らの望む日常生活を支える介護制度、育児中の家庭を支え仕事との両立を実現する子育て支援制度などが知られる。広い視点でみると失業対策や就労支援などの雇用政策、「人生前半の社会保障」とも言われるが子どもたちの教育制度を含める考え方もある。

困った時に誰も助けてくれないのでは、個人だけでなく社会の安定を保つこともできない。工業化と人口の都市集中という近代化の歴史の中で、失われてしまった地域の相互扶助の役割を国家が代わって果たす制度が社会保障だと言える。

日本の社会保障制度は、社会保険、社会福祉、公的扶助、保健医療・公衆衛生の4分野からなっている。1993年の社会保障制度審議会の「社会保障将来像委員会第1次報告」では「国民の生活の安定が損なわれた場合に、国民にすこやかで安心できる生活を保障することを目的として、公的責任で生活を支える給付を行うもの」と位置づけられている。

先の4分野のうち社会福祉は障害者や母子家庭、高齢者などの福祉政策、公的扶助で代表的な制度は生活保護である。保健医療・公衆衛生は疾病予防や感染症対策、健康増進策などがある。

社会保障の基軸は何と言っても社会保険で、年金、医療、介護と、失業対策などの雇用や労災の労働保険もこれに入る。日本の社会保険制度は社会保険方式を中心に成り立っている。保険料を払う義務を果たすことで給付を受ける権利を得られる制度が社会保険だ。納めても何に使われているのか分かりにくい税と違って、社会保険は負担と給付の関係が分かりやすい。受益が分かりやすいので負担の納得感も得やすい。

社会保障はさまざまな制度が林立している。そして、絶えず制度の改正議論が行われ改正されている。時代や社会のニーズに合わせるために修繕、時には制度全体を建て替えるといった改革が進む。まるで1つの都市が頻繁にビルの建て替えや再開発を続けているようだと、いつも思う。その都市を横から見たり上から見たりと、より多くの視点で街を見ているような感覚がある。

財源不足と人手不足の壁

後で詳述するが、社会保障制度が今直面している課題は、財源不足と人手不足という2つの壁への対処だ。この2つが課題となった背景には、少子高齢化がある。社会保険方式で運営されている各制度は、働いている現役世代が払う保険料収入に多くを頼っている。少子化や人口減で現役世代が減れば財源も細ることになる。税収も同じ理由で減る。

現役世代の抱える問題もある。パートや有期雇用、派遣労働者などの非正規雇用労働者の増加だ。今や働く人の約4割が非正規だ。正規雇用と比べて賃金が安い上に雇用も不安定だ。多くは年功賃金でもないので経験を積むことで収入が増えるわけではない。

そうなると、払える保険料も低くなり保険料収入は減ることになる。働く側からすると、非正規だと職場の厚生年金や健康保険に加入できないといった不利益を被ることがある。制度を支える現役世代の力が弱っている課題の解決が不可欠なのだ。

一方、高齢化の進展で、支えられる側となる高齢者人口は増えている。人口に占める65歳以上の割合（高齢化率）が7％を超えると「高齢化社会」、14％を超えると「高齢社会」、21％を超えると「超高齢社会」と一般的に定義される。２０１９年で総人口は1億２６１７万人、65歳以上人口は３５８９万人。高齢化率は既に28・４％で日本は「超高齢社会」を迎えている。世界でも有数の高齢化大国である。

人口が多い世代である団塊の世代が75歳以上となる「２０２５年問題」が注目されることが多いが、それは人は75歳を超える辺りから医療や介護の必要度が上がり、サービス提供のニーズも増えるからだ。だが、高齢化はそれだけで終わらず、２０４２年には３９３５万人と高齢者人口がピークとなる。これは「２０４０年問題」と言われるが、ここに向かってしっかり生活を支える制度への見直しが求められている。

少子化や人口減は２つ目の壁の人手不足も招いている。現金を給付する年金と違って医療や介護は人がサービスを提供する現物給付だ。必ず現場を担う人材が必要になる。

特に、介護現場では既に恒常的に人手が不足している。25年には40万〜50万人の介護人材が不足すると推計されている。

つまり高齢化の進展に伴い、財源不足については社会保障制度の費用をどう抑えるか、財源確保に保険料を払ってくれる働き手をどう増やすのか。賃金を上げる雇用の安定化や社会保障の傘から外れている非正規への制度の拡充をどう進めるか、人手不足を少しでも緩和するために担い手をどう増やしていくのか、といった視点で各制度の改革議論が行われている。

戦後、社会保険を基軸に発展

日本の社会保障制度の基軸は社会保険だと述べたが、そう決めたのは第二次大戦後だ。だが、社会保障の系譜は明治時代のドイツから始まった。

社会保険制度は19世紀ドイツの政治家、ビスマルクがつくった医療保険が始まりと言われる。１８８３（明治16）年に医療保険に当たる疾病保険法を、翌84（同17）年に災害保険法をつくった。原型は、マイスター（師匠）の老後を弟子が支えていた職場・業種内の相互扶助で、それを近代化させたものが今の社会保障の仕組みとして発展した。

ビスマルクが制度をつくった契機は、産業革命だったと言われる。工業化の進展と農村から都市への人口集中で、都市に生まれた労働者と資本家の間の貧富の差が拡大し、治安の悪化や劣悪な衛生環境が問題となっていった。近代の資本主義社会が形作られる過程で、労働者階層に不満が溜まっていった。健康保険制度の創設は、そうした社会の不安定要因を解消する狙いがあった。

社会保障が社会を支える重要な機能として位置づけられていくのは第二次大戦後だった。1942（昭和17）年に英国の経済学者ウィリアム・ベヴァリッジがチャーチル首相の委託により提唱し、まとめられた「ベヴァリッジ報告」が語った福祉国家の理念が基礎になっている。報告では窮乏、疾病、無知、不潔、怠惰の解消を目指し、あらゆる国民を対象に均一の保険料拠出と均一給付という社会保険を主要な方法と位置づけた。

税を使った社会扶助は資力調査があって個人の事情を開示させられるし、「施しを受ける」ことに対するスティグマ（汚名）の問題もつきまとう。それより保険料の拠出を要件として、社会からの扶助を受けられる、普遍的な性格を持つ社会保険が個人の自立を後押しすると考えたからだった。「ゆりかごから墓場まで」とのスローガンが象徴するように国民の生活のあらゆる場面を支えようという発想の福祉国家が歩み始めた。

日本の医療保険創設は関東大震災直前

日本の状況を説明する。1914（大正3）～18（同7）年の第一次世界大戦を契機に空前の好景気を迎え、重化学工業を中心に工業化が進んだ。労働者が増える一方で、急激なインフレで実質賃金が低下し、米価は上昇したため米騒動が全国に広がった。大戦後は逆に「戦後恐慌」で大量の失業者が出て労働争議が頻発、労働運動が激化した。

そこで政府は、労使間の対立など社会不安の沈静化を迫られ、ドイツの医療保険制度を参考に制度創設の検討を始めた。第1章でも触れたが、健康保険法が1922（大正11）年に制定、関東大震災による影響で27（昭和2）年になってから全面施行された。国民の健康のためというより、世情の不安定化の回避が政府の動機だった点は、ドイツの健康保険導入と経緯が似ている。

施行された健康保険法では、工場や鉱山などの労働者向けに政府が管理する健康保険と、企業の従業員向けの健康保険組合などを整備し、加入者の疾病、負傷、死亡、出産に対して給付が行われた。保険料負担は労使の折半とすることも決めた。制度発足時には加入者は計180万人いた。その後、会社員などいわゆるホワイトカラーや加入者の家族にも給付の対象が広がっていった。

それから約10年後の38（同13）年に旧厚生省が創設され、同時に自治体が窓口となり自営業者らが加入する国民健康保険法が制定、施行された。政府管掌や企業の健康保険組合は職域単位の医療保険だが、国民健康保険は地域単位の医療保険だ。これにより国民全体を対象に含むことになり、戦後に誰しも何らかの保険制度に加入する「国民皆保険制度」が整備されたが、その基礎がこの時期に出来上がったことになる。

戦争遂行のため整備された年金制度

年金制度は、明治初期の軍人恩給制度が始まりだった。当時は、税財源で賄っていた。その後、官吏、鉄道などの現業官庁職員へと広がっていった。民間では官営の八幡製鉄所などの大企業が共済組合を設けたぐらいで、いわば特権的な人たちの制度だった。民間向けの年金制度は1939（昭和14）年に船員を対象に船員保険法が創設され、41（同16）年に工場で働く男子労働者向けに労働者年金保険法が公布された。

当時は太平洋戦争の遂行に欠かせない輸送業務を担う船員や軍需工場の労働者に業務を全うさせる必要があった。さらに、事務職などの男子、女子労働者にも広げた厚生年金保険法が44（同19）年に施行された。この年金制度も戦意高揚が目的だったと言われる。制度ができたばかりでは集めた保険料を年金として支払う時期はまだ先になることから、戦費に回すためでもあったという指摘もある。ここでも国民の健康や生活安定のためというより、国家の事情が優先されている。

起点は「50年勧告」

社会保障制度の歴史を振り返ると、必ず語られる話がある。終戦から5年後の1950（昭和25）年、政府の社会保障制度審議会が、当時の吉田茂首相にある提言書を出した。「社会保障制度に関する勧告」である。今でも、出された年にちなんで「50年勧告」と呼ばれる。

戦後の憲法では第25条で生存権を保障している。その理念に沿って勧告は具体的な「支え合い」の考え方や仕組みの方向性を示している。現在の年金、医療、失業給付、生活保護など社会保障の各制度は50年勧告が原型を示している。勧告の柱は社会保険を支え合いの中核に置いたことである。英国のベヴァリッジ報告を参考にしていた。現在では、年金、医療などに加え2000年からは介護保険が始まり、今や社会保障費の約

9割が社会保険制度から給付されている。

50年勧告が出された当時は戦後の混乱期で、貧困と失業が深刻化していた。経済学者の大内兵衛を会長に、学者や国会議員、関係団体ら約40人が集まり審議会を開いた。いち早く社会の混乱から脱し生活を安定させるための議論に果敢に挑んだ。

勧告の序説では、戦後の平和と民主主義を体現していくには国民生活の困窮対策がまず求められるとして「いかにして国民に健康な生活を保障するか。いかにして最低でいが生きて行ける道を拓くべきか、これが再興日本のあらゆる問題に先立つ基本問題である」と決意を記している。

戦後は貧しい時代で、社会保障の考え方は国民を貧困から救う「救貧」だった。生活保護制度が代表例だろう。後で述べるが、昭和30年代からの高度成長期を迎え一定の生活水準に達すると、国民全員が何らかの医療保険や公的年金制度に加入する「国民皆保険・皆年金」制度が1961（同36）年に達成される。その前後からは、貧困に陥らない「防貧」に社会保障の目的を変える。その後は、より生活の質向上を目指して制度整備が進んだ。

50年勧告では、感染症対策など公衆衛生分野も社会保障の重要分野になっている。当時は、結核が猛威を振るっていた。年間の患者は約138万人にも達し、政府が負担する医療費の51・1％が結核対策に充てられていた。コロナ禍が世界中で多くの感染者、死者を出している今だからこそ、当時の結核がいかに社会の脅威だったか、社会防衛には公衆衛生がいかに必要だったかが分かる。

憲法第25条の「生存権」

厚労省と憲法の関係にも触れておきたい。1946（昭和21）年に日本国憲法が公布された。厚労省も第11条の基本的人権の尊重、第13条の幸福追求権の規定を保障する役割を担うが、最も緊密にかかわる条文は第25条の生存権の規定だ。その第1項で「すべて国民は、健康で文化的な最低限度の生活を営む権利を有する」とあり、同条第2項で「国は、すべての生活部面について、社会福祉、社会保障及び公衆衛生の向上及び増進に努めなければならない」と規定している。厚労省は第2項を実現する責任を負っている。

雇用・労働分野では第27条の規定が関係する。第1項で「すべて国民は、勤労の権利を有し、義務を負う」、同条第2項で「賃金、就労時間、休息その他の勤労条件に関する基準は、法律でこれを定める」と規定する。ここでいう法律は労働条件の最低基準を定めた労働基準法をはじめとする労働法制を指す。

また、同条第3項で「児童は、これを酷使してはならない」と規定されている。当時は、児童労働が横行していたのだろう。今でも中学生までの児童を使用した場合は労基法で「1年以下の懲役又は50万円以下の罰金」が科せられる。また、児童労働も含め弱い立場の労働者の強制労働には最も重い罰則が適用される。

憲法28条の「勤労者の団結する権利及び団体交渉その他の団体行動をする権利は、これを保障する」との「団結権」「団体交渉権」・「団体行動権」の労働三権規定も厚労省に関係する。これを保障するための法律は労働組合法で、労働基準法、労働争議の予防や解決を目的とした労働関係調整法と合わせて「労働三法」と言うが、いずれも厚労省が所管している。労働者を保護するためのとても重要な法律群である。こうした労働者保護法制も憲法に沿った法体系として整備されている。

国民皆保険・皆年金を達成

1961(昭和36)年は戦後日本の社会保障の歴史の中で大きな節目の年だ。国民皆保険・皆年金制度が出来上がった。医療保険は企業の健康保険、自営業者らが対象の国民健康保険など、年金なら雇用される人は厚生年金、自営業者らの国民年金と、国民誰もがいずれかの公的医療保険や公的年金制度に加入できる基盤を整備した。社会保障制度は集めた富の分配だが、戦後わずか16年、まだ高度成長期前で富の蓄積も十分でない時代に、国民誰もが医療を受けられる、老後の生活を年金で支えるという制度をつくった。

社会保障関係の専門家らの制度改正論議を聞いていると、しばしば「世界に冠たる皆保険・皆年金制度」という言い方がされる。それが根付いた今となっては当たり前と思っている国民が多いだろうが、確かに、誰もが分け隔てなく医療や年金を受けられる制度は海外を見渡してもそうはない。この達成を「奇跡」と言う元厚労官僚もいる。今から考えると、それくらい難しい政策の実現だった。

50年勧告は、政府から見ると生活を安定させ社会の対立を解消するという狙いはあっただろうが、国民の「連帯の精神」を醸成するには、まず誰もが社会保障の給付を受けられる平等性が前提になる。もちろん人がつくった制度だ、不十分な点や不備はあったろうが、国民皆保険・皆年金の達成はその醸成を後押しするものだったと思う。

国民皆保険・皆年金には他にも特徴がある。欧州の国の多くは日本同様、社会保険制度が中心だが、所得が十分でなく保険料を払う能力のない人は保険制度の傘から外れ、税財源を使った福祉政策などで支える。社会保険は保険料負担という義務を果たすことで給付を受ける権利を得るという保険原理からすれば、当然のことだ。

だが、日本の制度は違う。保険料を負担できない人も社会保険の傘に入れて支える。保険料は減額や免除をするが、給付は平等にするとの考え方を取り入れた。足りない財源は税金で補塡することにした。だから、年金、医療、介護などの社会保険制度は必要な給付の一部を税で賄っている。実際は、税と社会保険とのハイブリッド型と言える。

例えば、国民年金は保険料の減免制度があり、その手続きをすれば保険料を払わずとも加入ができ、受け取る年金額の半分は税財源なのでその分は給付を受けられる。

税による福祉的な側面は法律名からも分かる。健康保険法、介護保険法、厚生年金保険法は名称に「保険」が入っている。社会保険だから当然だ。ただ、国民年金法だけはそれがない。制度全体は社会保険として運営されているが、年金制度への加入年齢となる20歳前で保険料を払っていなかった人にも、障害を負えば早ければ20歳から障害年金が支給されるなど一部に福祉的な給付があるからだ。社会保険制度は、相互に保険料を出し合って助け合う「共助」の仕組みで、なるべく社会保険制度で国民生活を支えるという考え方がベースにあることが分かる。

以下、各制度の現状と課題を説明する。

公的年金の課題

保険の給付は、自身が困難に直面した時に補償を受け取れる。自動車の保険なら事故に遭い、けがを負ったり車を破損させたりした時に治療費や修理代が保険会社から支払われる。公的年金保険の場合、直面する困難は長生きによるリスクだ。高齢になると若い時ほど働けないのに生活費や医療費がかかる。しかも、いつ人生を終えるかは誰にも分からない。それを人生のリスクと考える。だから高齢期に保険から年金を支払い生活を支えるわけである。

仮に、高齢期の生活費を自身の貯蓄で賄おうとしても、何年分の生活費が必要か分からない。心配だから過剰に貯蓄することになり、そうなると日々の消費に回る資金が減って経済活動にはマイナスにもなる。年金制度は保険料を出し合うことで、そうした高齢期の生活をお互いに支える仕組みだ。

公的年金制度について「払った保険料より給付は多くもらえるのか」と聞かれることがある。その質問に対しては「長生きすればそうなる」と答えることにしている。さらに、こう付け加えることもある。「年金制度は自身が払った保険料を積み立てて老後にそれが返ってくるわけではない。当時払った保険料はその時給付を受けていた高齢者に既に回っている。あなたが受け取る年金は、今働いて賃金から払ってくれている現役世代の保険料が回ってきている。保険料は貯蓄とは違う。いわば現役世代から高齢者への『仕送り』だ」と。世代間扶養のこの仕組みを賦課方式と呼んでいる。

年金制度は制度創設時、積立方式を採用していた。将来の年金給付に必要な資金をあらかじめ保険料として積み立てておく財政方式だ。積み立てた分だけ給付がある。貯蓄に似ている。だが、これには弱点があった。物価や賃金の上昇への対応が難しくなる。数十年先に年金をもらう時、物価が上がっていてもそれに見合った額を受け取れないからだ。賦課方式ならその時に必要な額を現役世代から集め高齢者に渡すことができる。

積立方式は1954(昭和29)年に賦課方式に変更された。正確には「修正積立方式」と言われる。この時、財源不足を補うために国庫負担、つまり税財源の投入も決めた。これを「新厚生年金制度」と呼び、その際、「保険料率は、保険給付に要する費用の予想額並びに予定運用収入及び国庫負担の額に照らし、将来にわたって、財政の均衡を保つことができるものでなければならず、且つ、少なくとも5年ごとに、この基準に従って再計算されるべきものとする」との規定が盛り込まれた。これにより5年に一度、財政再計算の実施が制度化された。今は財政検証と呼ばれ、5年ごとに100年先までの年金財政の見通し、いわば財政の「健康診断」が実施されている。

物価や賃金の上昇に対応できる賦課方式だが、弱みもある。年金を受け取る人が増え、保険料を払う人が減ると対応が難しくなる。納める保険料を上げるか、受け取る年金額を減らすか、またはその両方か。まさに、少子高齢化の今、その問題に直面している。

現役世代と高齢者痛み分けの改革

その1つの対応策が2004年の制度改正だった。前にも触れたが、現役世代の保険料の上限を設け、そこまでは少しずつ引き上げる。現役世代に負担を求める代わりに年金を受け取る高齢者にも給付額の伸びを少し抑える「マクロ経済スライド」という制度を導入した。

現在、現役世代が払う厚生年金の保険料率は18・3%で上限に達している。負担は労使折半なので賃金からは半分の料率で差し引かれている。

国民年金も厚生年金も、物価や賃金の増減に合わせて年金額を毎年決めている。物価や賃金が上がれば、それに見合うだけ年金額も引き上げる。物価や賃金が下がった場合も同様に下げる。だが、これだと将来世代の年金財源の確保が厳しくなるので、今の高齢者の年金額から少しだけ将来世代に財源を仕送りする仕組みがマクロ経済スライドだ。物価や賃金の伸び率より少し低い伸び率にして給付を抑える。

ただ、物価や賃金が下がるデフレ経済下でこの仕組みを使うと、物価や賃金の下げ幅よりさらに大きく下がってしまうため、その場合、この仕組みは使わないルールになっている。ここが課題になっている。なぜなら長くデフレが続いたため、04年以降、この仕組みが動いた年は限られている。想定通りに抑制が進んでいないのだ。

そこで厚労省は、本来抑制する分を景気のいい年に回し、その年の抑制分と合わせて抑える「キャリーオーバー」制を考え出した。ただ、それでも思うように抑制は進んでいない。

次はどうするか。デフレ下でも動かせるようにルールを変えるかどうか。また、抑制が進むと厚生年金より給付額が低く財政基盤も弱い国民年金の方がより抑制される。厚労省は、厚生年金の保険料財源を国民年金に回す対策の検討を始めた。厚生年金に入る会社員が国民年金加入の自営業者を支えることにもなり、実現には国民の理解が欠かせない。低年金となっても生活に支障が出ないような対策は待ったなしといえる。

非正規雇用への適用拡大

前にも述べたが、社会保険制度の最大の課題は支え手の現役世代に増える非正規雇用労働者への年金制度適用拡大である。

非正規の中でもパート（短時間）労働者は職場の厚生年金や健康保険に加入ができない人がいる。労働時間や報酬が一定の基準を超えないと加入できないルールがあるからだ。自営業者やフリーランスのように、自身で国民年金や国民健康保険（国保）に加入するしかない。しかし、年金額は厚生年金に比べ低い上に、国保の保険料は概して健康保険より高い。正規社員と同じように雇用されて働いているのに、同じ社会保障の傘に入れないという不利益が生じている。

戦後、雇用者といえば正規社員を指し、夫が正規社員で妻が専業主婦の世帯を標準モデルとして社会保障制度は整備されてきた。パートで働く人はかつて主婦が多かった。

正規社員の夫が家計を主に支え、主婦は補助的な収入を得るための就労だった。だが、非正規雇用が増えてきた今は、夫婦で非正規として働く家庭は珍しくない。非正規雇用でも職場の厚生年金や健康保険に加入してもらい、将来受け取る年金額を増やそうとする対策が「適用拡大」である。

現在の適用要件は、1週間の所定労働時間が20時間以上で、雇用が継続して1年以上見込まれる場合、報酬が月8万8000円以上などの条件で働く人が加入できる。よく「106万円の壁」と言われるが、夫の扶養に入る妻の年収が106万円以上となると扶養から外れ自身で保険料を負担することになる。月収としては8万8000円が境となる。

ただ、自身で保険料負担をすれば夫の被扶養者として受け取れる基礎年金より額が多い厚生年金を将来受け取れる。最近は、そちらを選び106万円を超えて働くことを選ぶ人も増えてきた。

適用拡大は順次されているが、まだ途上だ。2016年に上記の適用要件に拡大されて増えた対象者は約44万人だった。だが、週20~30時間働く人約450万人のうちのほんの一部である。これとは別に週20時間未満で働く人は約550万人いる。

働いて少しでも収入があれば、保険料を負担してもらい年金制度を支えつつ将来の年金額も増やして本人の高齢期も支える。適用拡大は時代変化に対応した年金制度にするための目下の核心的な課題と言える。

応能負担を強める医療保険

医療保険も介護保険も社会保険という意味では年金保険と同じ課題を抱えている。

国民が1年間に使う医療費は2019年度で約44兆円だった。保険診療から支払われる費用で、1人当たりだと約34万円、前年度より2・31%増えた。増加している理由は高齢化と医療技術の高度化である。1人当たりの医療費は65歳未満の19万1900円に対し、65歳以上は75万4200円と高い。当然だが、高齢になれば誰しも医療の必要度が上がる。社会全体で支えねばならない。

高度化も医療費を押し上げている。医療技術は日進月歩で高額な医薬品や医療材料、治療法が登場している。遺伝子治療など最新医療が広がればさらに医療費が増えかねない。

高齢期の医療を支えるため75歳以上が加入する後期高齢者医療制度が08年に施行され

た。今後増える高齢者の医療費負担を明確化するため、財政負担の役割分担を決めた。給付費の半分は国と地方の公費（税）、40％を現役世代が入る各健康保険からの支援金、残る1割を高齢者本人の保険料から充てることにした。保険料の負担割合は1割と一部にとどまるため、この制度は社会保険とは言わない。

直面する問題は現役世代が払う支援金の負担だ。本来、職場の健康保険組合に入る保険料は加入者の医療費に使うのが筋だ。だが、高齢者の医療を支えるとの名目で、保険料収入などの約4割を後期高齢者医療制度に回している。

保険原理からすると筋違いで「取りやすいところから取るやり方だ」と批判がある。だが、現役世代もいずれ高齢となり医療費の支援を受けることになる。困った時はお互い様という精神で支えるしかないだろう。ただその負担は増えており、耐えきれずに解散する健康保険組合も出てきた。負担のあり方をどうするか検討する必要がある。

課題解決への視点は、高齢者でも費用負担ができる人はなるべく負担も引き受けてもらう「応能負担」の拡大である。原則1割負担となっている75歳以上の医療機関での窓口負担を、経済力に合わせて2割に引き上げる制度改正が20年末に決まり、21年1月召集の通常国会に改正案が提出されたが、この改正もその一環である。厚労省は現役世代の負担軽減を名目にしているが、その軽減幅が小さい点は気になる。さらに負担軽減をしていくには、応能負担の考え方でそのあり方を整理していく必要があるだろう。

費用負担はファイナンスの話だが、一方、医療供給、デリバリーの課題は、医療機関の再編問題である。人口減で今のように病床数は必要なくなる。しかし、高齢者増でニーズの高まるリハビリや療養を行う病床は増やさねばならない。この2つを同時に進めるため地域ごとに話し合いを進めようとしているが、医療機関から見ると経営判断にもかかわるので、なかなか進まない。このままだと医療機関同士が患者の取り合いになり共倒れするとも言われる。模索は続く。

もう1つ問われそうな課題は、医療保険の守備範囲だ。日本の公的医療保険は基本的には、有効性と安全性が確認された治療法や医薬品は保険の対象とし、誰もが低い費用負担で医療を受けられるようにしてきた。医療費削減の観点からは、その守備範囲の縮小を検討せざるを得ないかもしれない。

既に厚労省は、うがい薬の処方が必要ない疾病の診察でのうがい薬の処方や、大量の湿布薬処方を規制するなど、一部で公的医療保険の守備範囲の見直しを始めた。例えば、北欧デンマークでは命にかかわらないとの理由から歯科診療は原則、自己負担である。

日本でも例えば、薬局で手に入る医薬品は保険から外し薬局で購入してもらうなどの見直し議論を迫られる可能性がある。

人材確保と費用抑制を迫られる介護保険

介護保険も直面する課題は少子高齢化への対応である。特に、介護保険ではそのサービスの担い手不足が深刻化している。財源は最悪でも国債発行（借金）で時間を稼げるが、人材確保は難しい。現役世代の人口が減っている上、介護現場の賃金は他業種に比べて低い。高齢者と接する専門職でもあり、誰でもできる職種ではない。

介護事業者に介護保険制度から支払われる介護報酬で職員の賃金アップなどの待遇改善を図っているが、十分ではない。それに離職するのは賃金などの待遇だけでなく、職場の人間関係の悩みや、キャリアアップのコースが見えにくいなど様々な理由があり、働き続けることを阻害している。

厚労省は待遇改善と併せキャリアアップのコース確立や外国人労働者の活用、情報通信技術（ICT）・ロボットの活用、ボランティア人材の活用、事務作業の削減などを対策として進める考えだ。ボランティアには元気な高齢者も含む。高齢期でも支え手になれる人の参加は重要になっている。

介護保険の特徴は、自立した高齢期の生活実現を目的に、高齢者本人が自らサービスを選ぶ自己決定権を大切にしていることだ。だが、制度は2000年にスタートし「増改築」が進み複雑化した。介護保険制度に詳しいニッセイ基礎研究所の三原岳主任研究員は、これを焼き鳥店での注文を例に分かりやすく説明している。店のメニュー表は分厚く、焼き鳥は産地、味付け、肉の数、入退店時間、調理法で価格が違う。よく分からないので「お任せ」を頼んでも店主（介護事業者）も分厚い解説書を読んでいるといった具合だ。自分が受けるサービスなのに複雑で選べない。これでは自己決定権を行使できなくなる。

現場の声を受けて制度改正が続けられてきたが、20年を迎えた今から簡素化の発想も持たないと利用しづらい制度になったままになる。厚労省もそこは分かっていて簡素化の改正項目も議論の俎上に上げている。

介護保険のサービスを受ける高齢者は65歳以上の平均で約2割程度だ。保険料を払い続けても介護保険を使わずに人生を終える人は少なくない。ここが医療保険と違う。だから医療保険のように保険料を引き上げることには限界がある。65歳以上の保険料は全国平均で月5869円、高齢者自身の負担は8000円が限度だと見られている。保険料の上昇を抑えるために介護保険から支出される給付費の半分は、既に国と地方の税財源である。

そこで制度改正は費用抑制策が中心とならざるを得ない。介護の必要度が低い要支援の人の生活援助などを介護保険から自治体の事業に移した。こうすることで介護事業者以外のNPOなどボランティアの参入を促し、支え手を増やそうとするものだが、一方で介護事業者より報酬を低く設定できるので費用を抑えることも狙っている。安くボランティアに働いてもらおうという発想だ。ボランティアといっても活動状況は地域で違う。全国一律のサービスである介護保険から外すことでサービスの質にばらつきが出るとの懸念も指摘されている。

特別養護老人ホームへの入所要件を要介護度3以上としたことも利用を制限する。介護支援専門員（ケアマネジャー）が作成するケアプランは今、作成費を介護保険から出しているが、利用者負担にすることも議論されている。

一方で、介護施設での看取り対応の強化、医療と介護の連携強化、寝たきりや重度化の防止策なども同時に進めている。20年には夏の豪雨災害で施設が被災したし、コロナ禍では高齢者が利用を控えて介護事業者の経営にも打撃を与えた。21年度からは防災などの訓練、自然災害や感染症の拡大にも対応できるよう事業継続計画策定が義務づけられた。利用者がより安心して使いやすく介護する家族の負担も減らせるようなサービス提供は依然として課題だ。

仕事との両立を目指す子育て支援

少子化は将来の労働力を細らせる。それを回避すべく、将来世代を増やしつつ、現在の経済活動も支えるために今の働き手も増やす。この2つの課題を乗り越えるための施策が子育て支援である。働きながら出産・子育てを希望する人の両立を支援する対策は、厚労省の重要な政策分野になっている。高齢者に給付が偏りがちな社会保障の中で、子育て支援は現役世代への給付だ。その意味からも充実が求められる。

日本社会で少子化問題が可視化されたのは1989年の「1・57ショック」である。1人の女性が生涯に産む子ども数を表す合計特殊出生率が、丙午の66年の出生率1・58を下回った。将来世代が減り高齢者扶養の負担増大や経済活動などの社会活力低下への懸念が広がり衝撃を与えた。

出生率は2005年に1・26まで低下して底を打った形だが、20年は1・34と大きくは上昇していない。人口を維持する出生率は2・07と言われ、それにはほど遠い状況だ。出生率より、実は出生数の減少が深刻である。出産できる年代の女性数が減っているため出生率が多少上がっても人口減少に歯止めがかからないからだ。出生数は、団塊世代が生まれた1949年には269万6638人と戦後最多だったが、2019年は86万5239人と90万人を割り込んでしまった。20年は84万835人、新型コロナの拡大で出産を控える人もいて21年はさらに減るのではないか。

少子化要因を分析した98年版厚生白書

少子化の要因を鋭く分析した資料がある。1998年版の厚生白書だ。序章でこう指摘している。

「20世紀後半、日本は豊かさを目指して走り続けてきた。特に、その最終10年間は、『安心して老いることのできる社会』の実現に向けて努力を続け、20世紀の最後の年には、介護保険も始まろうとしている。しかし、その間、出生率は下がり続けた。気付いてみれば、日本は、結婚や子育てに『夢』を持てない社会になっているのではないだろうか」

　子どもを産み育てることを困難にしている阻害要因が社会には存在し、現役世代が家庭を持ち、子育てを人生の大切な営みとできない社会になっている。そう問題提起をしている。

　1970年代は「夫は仕事、妻は家庭」という性別役割分業意識が強い時代だった。仕事が忙しい夫不在の子育ては妻たちの孤独感、負担感を生み、子育てが終わった40代前後には家庭での役割を失う「空の巣症候群」とも呼ばれる喪失感に悩むようになる。こうした役割分業型家庭生活への不満が、未婚女性の晩婚化をもたらした。また子育てを支える地域社会もなく、子育て負担は母親に集中した。専業主婦の子育て支援制度も不十分だったし、仕事を持つ女性は「男性並みの働き方」を求められ、そのうえ子育てを担い、極めて重い負担がのしかかった。そして、こうした先行世代の家庭生活を見てきた世代の女性には、結婚は夢や希望を感じられるものではなくなってきた、と分析している。

　一方、男性にとっても、家電製品の普及や外部のさまざまなサービスを利用すれば単身者の家事負担は大幅に軽減でき、親と同居する男性には家事を親にやってもらう環境があった。結婚はむしろ家事水準の低下や家事負担の増加につながりかねないことから、男性も結婚を急がなくなったと指摘している。

また白書は、母親の子育てへのある種の強迫意識にもなりかねなかった「三歳児神話」について「少なくとも合理的な根拠は認められない」と指摘した。三歳児神話とは「子どもは三歳までは、常時家庭において母親の手で育てないと、子どものその後の成長に悪影響を及ぼす」というものである。「母親が育児に専念することは歴史的に見て普遍的なものでもないし、たいていの育児は父親（男性）によっても遂行可能である。また、母親と子どもの過度の密着はむしろ弊害を生んでいる、との指摘も強い。欧米の研究でも、母子関係のみの強調は見直され、父親やその他の育児者などの役割にも目が向けられている」と説明している。要は母親1人が子育てを抱え込まず、周囲や保育所の助けを借りて子育てをしてほしいという意味だ。

行政の公文書でここまで踏み込んだ少子化の要因分析は勇気が必要だったと推察する。白書を担当した当時の責任者は女性官僚だった。思い切りのいい内容が当時、話題となった。

指摘された要因の多くは今では社会の共通認識になってきている。男性中心の企業や家庭のあり方が問題であり、女性に働くか結婚して子どもを産むかの「二者択一」を迫っている社会を変える必要がある。つまり、男女を問わず、すべての人が希望すれば働きながら結婚し家庭を持ち子育てができる社会の実現である。これには男性や企業の意識改革や協力が不可欠になる。

東京五輪・パラリンピック組織委員会の森喜朗会長の「女性がたくさん入っている理事会は時間がかかる」との女性蔑視発言は、変わらぬ男性中心社会の意識を露呈させた。だが、一方で大きな批判が男女問わず社会にわき起こったことは、男女平等意識の広がりや性別役割分業意識の変容を示しているのではないか。女性が普通に活躍できる社会にしないと労働力は増えないし少子化も克服に向かわず、人口減の中で持続可能な社会にならないだろう。

続く保育所整備と育児休業の拡大

厚労省の子育て支援策の中心は目下、保育所整備だ。働く女性が増えて保育所ニーズが高まり、整備が追いつかずに待機児童を生んでいる。同時に男性の長時間労働の是正など「働き方改革」も進められている。政府の調査で子どもを産み育てたいと考えている人が実現できた場合の出生率が1・8となることから政府は「希望出生率1・8」と呼び、その実現を目指している。目標とする出生率をこう表現するのは、戦時中の政府が人口政策として「産めよ増やせよ」と個人の生活や価値観に介入したが、今の時代に同じことを言い出したら国民から批判が出るからだ。出産や子育ては個人の自由だし権利である。産みたい人がそうできる社会の実現が目指す方向なのは言うまでもない。

保育所整備が一気に進み出したきっかけは2016年、申し込んだ保育所に入所できなかった人が「保育園落ちた日本死ね」と書き込んだ匿名ブログだった。注目を集め国会でも取り上げられるなど政治問題化した。それまで保育所不足問題は政治の関心が低く、政府の予算も十分に振り向けられなかった。この匿名ブログで政治課題としての優先順位が上がり安倍政権が重要課題として取り組み、整備が進んでいる。

子育てと仕事の両立支援は雇用政策も一体となって行われる。代表的な制度は育児休業とその際に雇用保険から支払われる育児休業給付だ。休業期間と給付額は少しずつ拡充されてきた。休業期間は原則1年だが延長できる。給付額は、休業中の最初の半年は規定の賃金額が半分から3分の2に増額された。今後の課題は、家計を主に支える男性が取得しやすくするためさらに増額するなど制度の拡充である。

国民年金では19年4月から、出産前後の一定の休業期間の保険料が免除される制度が導入された。その分を加入者全員が月額100円保険料を引き上げて賄う。子育てを年金制度も支える。社会保障の各制度にもこうした子育て支援の視点が取り入れられ始めている。

就労の安定と働き手を増やす雇用対策

労働系の政策も紹介したい。

少子高齢化、人口減は雇用対策でも大きな課題だ。少子化、人口減は労働力減少を意味する。社会保障制度の支え手も減ることになる。経済を成長させるには、生産性を上げつつ労働力をどう確保するのかが問われている。女性や高齢者にももっと働き手になってもらう。もちろん働けない人もいるし、働きたくない人もいる。その選択肢を認めながらも労働力を増やす手立ては必要だ。安倍政権が進めた、若者も女性も高齢者も障害や難病のある人も包摂され活躍できる「一億総活躍社会」の実現は政策の方向性として理解できる。

政府が「働き方改革」として掲げた長時間労働の是正策は、男女ともに働きながら子育てや介護、地域活動との両立を可能とするし、なにより持続可能な働き方の実現につながる。長時間ではない働き方が広がっていけば生産性も向上していくだろう。

高齢者雇用は高年齢者雇用安定法で現在、就労を希望する人には①定年引き上げ②定年制廃止③継続雇用制度導入のいずれかの対応で65歳まで雇用するよう企業に義務づけていて雇用機会が広がった。2021年4月からはさらに、70歳までの定年引き上げ、定年制廃止、70歳までの継続雇用制度導入など会社で働き続ける対応に加え、他社への再就職や起業、NPOなど社会貢献活動参加への支援などが企業の努力義務となった。働きたい人が働き続けられる制度が拡充されるが、人件費増を嫌い既に65歳までの雇用確保すら避けようと希望退職を募るなど、事実上のリストラを行う企業もあるようだ。70歳雇用が厚労省の狙い通り広がるかは疑問がある。

働き手を増やす政策と同時に、働いている人の賃金を上げることも重要だ。そのための政策は前にも紹介したが「同一労働同一賃金」制度である。働く人の約4割を占める非正規雇用労働者の待遇をどう改善していくかが問われている。非正規の待遇改善は特に、非正規が多い若者と女性の賃金を上げることになる。非正規の時給に影響する最低賃金の引き上げと併せ格差是正を進める必要がある。

待遇格差を巡っては司法の場でも動きがある。18年、運送会社で働く非正規の運転手が正規社員と同じ仕事をしているのに正規社員との間で無事故手当などの待遇に差があることは労働契約法違反だと主張した裁判で、最高裁が一部の手当で差があることは違法だとの判断を示した。今後、正規と非正規の待遇差についての裁判は増えていくだろう。判例の積み重ねも待遇改善を後押しすることを願う。

非正規雇用をどう守るか

非正規雇用で働く人は公的年金など社会保障の傘から外れてしまっている問題を先に指摘したが、労働分野でも同様の課題がある。労働基準法や失業給付を規定する雇用保険法、労災での補償を受けられる労働者災害補償保険法などは雇用されて働く人が対象だが、働き方の多様化でこの労働者保護の傘から外れる人が増えているのだ。

インターネットの注文1つで飲食店などの商品を自宅まで配達してくれる宅配サービス「ウーバーイーツ」は、コロナ禍で自宅で過ごす機会が増え、すっかり日常に定着した。だが、配達員らが、ウーバー日本法人に対して、配達員がけがを負った際の補償の充実や報酬決定の説明などを求めた。配達員はウーバーイーツに雇用されているわけではないので法的には基本的に個人事業主となり、労働分野の法律が適用される労働者ではない。だが、報酬などの契約内容はウーバー側が決めている面があり労働者に近いと配達員らは主張している。

ウーバーを巡ってはフランスの最高裁が、配車サービスの運転手とウーバー側に雇用関係を認める判決を出した。新しい形で働く人たちをどう守るか、法整備を進め、安心して働ける環境を整えることは時代の要請だ。

もう1つ、コロナ禍であらためて厳しい現実を突きつけられた問題がある。非正規雇用の不安定さだ。営業の自粛を求められ業績が悪化した飲食や宿泊、流通などの業種を中心に、まず失業した人たちは非正規雇用の人たちだった。こうした業種には学生や女性が多い。通常でも正規社員より賃金が安い上に、失業でさらに格差が広がった。解雇されずに雇用が維持できていても休業補償を支払われないケースも問題となった。

2008年のリーマンショックの際も、「雇用の調整弁」として派遣労働者の「派遣切り」が社会問題となったが、状況は変わっていない。繰り返すが、正規社員との待遇格差の是正だけではなく、多様化した働き手の保護や職業訓練などを通した安定雇用の達成が依然として私たちの社会が解決すべき課題として目の前にある。

新たな働き方を示す「キャリア権」

別の視点から働き方の課題を示したい。会社員など雇用されて働く人にも働き方への新たな価値観が提案されている。これまでは会社の人事管理に沿って転勤をし、さまざまな業務を担当して定年を迎えるといった働き方だった。だが、右肩上がりの経済成長はしない成熟社会となり、会社の指示通りに働けば雇用が確保され賃金が上がる時代ではなくなった。会社員といえども自身のキャリア形成について自ら決める働き方の価値が高まっている。企業の人事管理と折り合いをつけながら自身の描くキャリアを実現していく考え方を「キャリア権」と言う。

元中央労働委員会会長の諏訪康雄・法政大学名誉教授が提唱する理念で「人びとが意欲、能力、適性に応じて希望する仕事を準備、選択、展開し、職業生活を通じて幸福を追求する権利」と定義している。

例えば、こんな考え方がある。40歳まではこれまでの働き方である、さまざまな職務を経験して能力を向上させる。40歳以降は、その経験から今後のキャリアを自身で考え会社と協議しながら専門的な職種や管理職などを選んでいく。専門的な業務をこなす能力やマネジメントの力があれば、欧米のように他社への転職など労働力の流動化にもつながり、働く本人のやりがいや賃金の向上と企業の生産性向上につながるのではないか。

雇用・労働政策は、生産性を上げつつ女性、高齢者など働き手を増やし、非正規雇用の賃金や手当などの待遇改善も実現しながら全体として労働力を確保する。同時に多様化する働き方に対応する労働者保護法制の見直しを進める。もちろん働く側から見ても、安定した雇用と生活できるだけの賃金、そしてやりがいを感じられるような働き方の実現を目指す。それは主に現役世代の保険料や税収入で成り立っている社会保障の各制度を下支えすることにもつながる。厚労省が取り組むべき人口減社会に向かう政策の方向である。

社会保障財源としての消費税

最後に、社会保障とは切っても切れない財源となっている消費税について説明したい。

消費税法第1条第2項には「消費税の収入については、地方交付税法に定めるところによるほか、毎年度、制度として確立された年金、医療及び介護の社会保障給付並びに少子化に対処するための施策に要する経費に充てるものとする」と規定している。消費税財源は年金、医療、介護、少子化対策の社会保障４経費に充てる事実上の目的税となっている。政府の一般会計税収のうち消費税収は２０２０年度で約21兆円ある。だが、「消費税収入が本当に社会保障に使われているのか分からない」といった声をしばしば聞く。この指摘は当たってもいるし外れてもいる。

消費税財源を社会保障分野に使うと決めたのは、12年の民主党政権下、野党だった自民、公明との「社会保障と税の一体改革」の三党合意だ。やってくる超高齢社会に備え、社会保障制度の立て直しを迫られていた。抜本的な税制改革を実施、つまり増税をしてその税収を社会保障に充てることを決めた。

消費税率を５％から段階的に10％に引き上げる。引き上げ分５％のうち４％分を赤字国債（借金）で賄っている社会保障費用の返済や高齢化に伴う自然増分、基礎年金の財政強化などに充て、残りの１％分を社会保障制度の充実に振り向けることにした。

分かりにくいのは借金返済分だ。財務省から言わせると、借金で賄っている社会保障の費用を消費税収に置き換えている。だが、金に色は付いていない。消費税収分の財源が他の分野に回っているとも見えてしまう。国民から見て何に使われているか分からない部分はこの点である。

一方、社会保障の維持、拡充にも確実に財源は回っている。国民年金では受け取る年金額の半分、厚生年金では基礎年金部分の半分を公費（税財源）から給付している。保険料からの給付だけでは年金額が低くなってしまうからで、公費で下支えしている。以前の公費分は3分の1だったが、消費税財源を使えることから、半分に引き上げられた。これが基礎年金の財政強化である。引き上げたからといって年金額は変わらないが、税財源が増えたことで制度の維持強化につながっている。

そして制度充実のための1％分は社会保障のさまざまな制度に使われている。年金では低年金者へ最大月5000円を給付する制度が導入された。年金を受給するには一定の保険料納付期間が必要だが、25年必要だった期間を10年に短縮した。遺族基礎年金を受給できなかった父子家庭へも対象を拡大した。医療や介護では低所得者の保険料軽減や健康保険への財政支援、在宅医療や認知症対策、子育て支援対策などに使われている。充実分の消費税財源は21年度予算案で計約2・31兆円が投入される。

一方、一体改革では消費税財源を社会保障に投入する代わりに制度の見直しによる削減や付け替え（厚労省の言う重点化・効率化）も実施される。21年度予算案では効率化で0・4兆円を捻出し、制度の充実に回される。ただ、必要な給付が削られていないか、注視していく必要はある。

税の増収分の多くが制度維持や借金返済に回ってしまい、増税を国民に求めながら社会保障の充実感が感じられない。それが「消費税が何に使われているか分からない」といった疑念を生んでいるように思う。北欧スウェーデンは日本の消費税に当たる付加価値税が25％と高税率なのは知られているが、いきなりこの税率で課税したわけではない。低い税率から始め、税収を社会保障などで国民に還元して給付増を実感してもらうことで税率を引き上げてきた。社会保障の充実の実感なき増税はなかなか国民の理解は得られない。長年、財政再建に取り組まなかったツケがこんなところにも出ているのではないか。

一体改革は当初、「消費税を含む税と社会保障の一体改革」と呼ばれ、幅広く税制改革を検討する方向だったが、消費税増税に焦点が絞られていった。菅義偉首相は、消費税率について安倍首相と同じく「今後10年、上げる必要はない」と表明した。岸田文雄首相も同様の発言をした。安易な増税はすべきではないが、社会保障制度を消費税財源だけで賄うことも難しい。法人税や相続税、金融所得課税など負担力のある税を含めた幅広い財源議論が必要だろう。

税でも保険料でも年齢で区切らず負担能力のある人が負担できる範囲で負担しないと制度の維持が難しくなる。経済が右肩上がりで人口も増えた高度成長期は「富の分配」を考えればよかったが、低成長で人口が減る現在は負担を分け合う「痛みの分配」を考えねばならない。私たちは、そういう社会が縮んでいく時代を生きている。次世代に社会保障制度を引き継いでもらうには、今の世代がどう痛みを請け負っていくのか、難しいが避けては通れない課題である。

おわりに

本書の執筆は、新型コロナウイルス感染症が拡大していた時期と重なった。感染が国内でも広がった２０２０年は、厚生労働省担当の筆者は専ら新型コロナの取材に終始することになった。

厚労省は普段は政策を立案し執行する政策官庁としての顔が中心だが、感染症がひとたび発生するといわば事件官庁となり、日々起こる出来事を追いかける取材に切り替わる。20年の前半は、ほぼ毎日会見もあり感染状況の取材に追われた。後半からは感染症の専門家らでつくる有識者会議中心の取材となり門外漢の科学的な知見の理解に四苦八苦した。

コロナ禍取材の中で本書執筆のために厚労省の歴史を調べてみると、今直面している感染症への対応に頭を悩ましている当時の官庁の切実な姿が迫ってきた。歴史は繰り返すと言うが、国民の命と健康を守るためという厚労省の役割の重要性を再認識した。感染症の広がりは非正規雇用の人たちの失業や雇い止めによる就労機会を奪うなど日本の雇用環境が抱える問題を浮き彫りにもした。雇用問題は社会の分断を進めている。この分野も厚労省の担当であり、ますます時代に合った政策立案を求められている。感染症対策と並んで厚労省にとって喫緊の課題だと痛感している。

記者として社会保障政策を担当し、厚労省のウォッチを始めてから10年以上たつ。当初は共働き家庭として子育てに奔走していた時期で、厚労省の子育て支援策や少子化対策、男女平等政策に関心が向いていた。その後、子どもも成長し、親の介護問題に直面し筆者自身もシニア世代となった今は、介護や年金、医療、労働政策に関心が移っている。

実感するのはどの年代にも厚労省の政策はかかわっているという事実だ。まさに「ゆりかごから墓場まで」、私たちの生活に影響を与える官庁である。

また、取材を通して社会保障政策は人々の雇用や労働と密接に関係していることが改めて分かった。制度の支え手は働く現役世代だからだ。彼らが安心して働き、子育てをしながら生活ができる社会にならないと社会保障制度は支えられない。今はそうした思いを強くしている。今後は、企業の就労環境を整える役目を担う社会保険労務士としても厚労省の政策をウォッチしつつ、働く人たちを支える活動も始めたいと考えている。

中央省庁は過重労働から人材確保に苦心している。官邸からはすぐに結果を求められ、官僚は政策立案の足腰を鍛える余裕がなくなっている。官僚機構が劣化を始めているとの思いから本書の副題を「劣化する巨大官庁」とした。

本書が描いた厚労省像は、あくまでも筆者が見聞きした話をまとめたものだ。これだけの巨大官庁である。全体像をあますことなく描けたとは考えていない。また、紹介した話に勘違いや思い込みもあるかもしれない。だとしたらひとえに筆者の責任である。

厚労省の官僚の方々は、筆者の取材に快く応じてくれた。組織のあり方や政権との関係について思いを語ってくれた人もいた。東京新聞元記者で東京医療保健大学客員教授の日比野守男氏には厚労省担当時代の取材経験談を惜しげもなく提供いただいた。お礼申し上げる。

書籍としてまとめられたのも、1つの政策分野を長年任せてもらい取材の機会を与えてくれた職場である東京新聞の理解あってこそだ。この場を借りて感謝したい。

筆者の拙文に粘り強くアドバイスをしてくださり、遅筆にも激励して支えてくれた古い友人である新潮新書編集部の安河内龍太氏にお礼を言いたい。
最後に、日頃の取材に没頭できたのは妻や子どもたちの支えがあってのことである。感謝を伝えたい。

２０２２年2月

鈴木　穣

参考文献

『厚生省五十年史（記述編）』（厚生省五十年史編集委員会編　財団法人厚生問題研究会　1988年）
『新型コロナ対応・民間臨時調査会　調査・検証報告書』（一般財団法人アジア・パシフィック・イニシアティブ　ディスカヴァー・トゥエンティワン　2020年）
『日本社会のしくみ　雇用・教育・福祉の歴史社会学』（小熊英二　講談社　2019年）
『ブラック霞が関』（千正康裕　新潮社　2020年）
『ウイルス・ハンター　アメリカCDCの挑戦と死闘』（エド・レジス　渡辺政隆・訳　早川書房　2020年）
『新型コロナから見えた日本の弱点　国防としての感染症』（村中璃子　光文社　2020年）
『「鳥の目」と「虫の目」で追った厚生労働行政―ジャーナリストの視点から―』（日比野守男　ブイツーソリューション　2020年）
『教養としての社会保障』（香取照幸　東洋経済新報社　2017年）
『官僚たちの冬　霞が関復活の処方箋』（田中秀明　小学館　2019年）
『公務員という仕事』（村木厚子　筑摩書房　2020年）
『THE　中医協　その変遷を踏まえ健康保険制度の「今」を探る』（佐藤敏信　薬事日報社　2018年）

『初期の看護行政―看護の灯たかくかかげて』（金子光　日本看護協会出版会　1992年）
『新装版　介護保険制度史　基本構想から法施行まで』（介護保険制度史研究会編著　大森彌・山崎史郎・香取照幸・稲川武宣・菅原弘子　東洋経済新報社　2019年）
『雇用政策とキャリア権―キャリア法学への模索』（諏訪康雄　弘文堂　2017年）
『「キャリア権」法制化を目指す会紀要　第二号』（「キャリア権」法制化を目指す会編　2020年）
『「キャリア権」法制化を目指す会紀要　第三号』（「キャリア権」法制化を目指す会編　2021年）
『「高齢ニッポン」をどう捉えるか　予防医療・介護・福祉・年金』（浜田陽太郎　勁草書房　2020年）
『平成10年版　厚生白書』（厚生省　1998年）
『平成22年版　厚生労働白書』（厚生労働省　2010年）
『ガイドブック　厚生労働省　第46版』（月刊厚生サロン編集室編　日本厚生協会出版部　2002年）
『ガイドブック　厚生労働省　第91版』（厚生行政出版会　2021年）
『平成31年度　総合職（化学・生物・薬学）薬系技術職員採用案内』要項（厚生労働省）
『平成30年度　労働基準監督官　採用試験』要項（厚生労働省）
『厚生労働省地方厚生局麻薬取締部ウェブサイト』（厚生労働省）
『霞が関の政策立案部署等の業務量調査結果と今後の対応』（自民党行政改革推進本部　2019年6月27日）

参考文献

『厚生労働省の業務・組織改革のための緊急提言』（厚生労働省改革若手チーム　２０１９年８月26日）
『日本再興戦略―ＪＡＰＡＮ　ｉｓ　ＢＡＣＫ―』（内閣官房　２０１３年６月14日）
『中日新聞夕刊』（１９９６年９月26日付け）
『東京新聞夕刊』（１９９６年９月30日付け）

鈴木穣　1962（昭和37）年生まれ。東京新聞・中日新聞論説委員（社会保障政策担当）、社会保険労務士。日本大学芸術学部卒業後、地方紙を経て中日新聞社入社、生活部、政治部などを経て現職。

Ⓢ新潮新書

940

厚労省《こうろうしょう》
劣化《れっか》する巨大官庁《きょだいかんちょう》

著者　鈴木《すずき》 穣《ゆずる》

2022年2月20日　発行

発行者　佐藤隆信
発行所　株式会社 新潮社
〒162-8711　東京都新宿区矢来町71番地
編集部(03)3266-5430　読者係(03)3266-5111
https://www.shinchosha.co.jp
装幀　新潮社装幀室

図版作成　株式会社クラップス
印刷所　錦明印刷株式会社
製本所　錦明印刷株式会社

ISBN978-4-10-610940-9　C0230

価格はカバーに表示してあります。